_____ 드림

미래예측보고서

유엔미래보고서 저자가 말하는 미래 대변화
미래예측보고서

초판 1쇄 인쇄 2011년 11월 22일
초판 1쇄 발행 2011년 11월 29일

지은이 박영숙
정보수집 번역 숀 함슨
발행인 장상진
발행처 경향미디어
등록번호 제313-2002-477호
등록일자 2002년 1월 31일

주소 121-883 서울시 마포구 합정동 196-1번지 2층
전화 1644-5613 | **팩스** 02) 304-5613

저작권자 ⓒ 2011 박영숙

ISBN 978-89-6518-042-5   13320

· 값은 표지에 있습니다.
· 파본은 구입하신 서점에서 바꿔드립니다.

유엔미래보고서 저자가 말하는 미래 대변화

미래예측보고서

FUTURE FORECAST REPORT

10년 후 내가 살아갈
미래를 알려준다!

박영숙 지음

경향미디어

FUTURE
FORECAST
REPORT

서문

농경시대 산업시대 정보화시대를 거친 인간은 점차 테크노문화에 적응하면서 문명의 신新질서를 만들어내고 있다. 이제 인간은 모든 기술에 연결되어 서로가 서로에게 원하는 것이 다르며, 특히 정부나 사회로부터 원하는 것이 달라진다. 그리고 원하는 것을 기다리고 인내하지 못해 폭발해버리거나 포기한다.

공자시대에 현답을 알고 있는 건 공자뿐이었기에 사람들은 몇 달 몇 년을 걸어서 공자를 찾아와 답을 얻었다. 그리고 십 년 전만 해도 학생들은 답을 알기 위해 교수에게 찾아가 묻고 몇 날 며칠을 기다려 답을 얻었다. 교수만이 답을 알고 있었기 때문이다. 하지만 요즘 학생들은 단 몇 초도 기다리지 못한다. 그들에게는 '검색'이라는 도구가 생겼다.

종種이 바뀐 것이다. 이런 사람들로 모인 나라의 국민은 아무것도 기다리지 못한다. 서리시 페르난도라는 사회학자는 국민은 불만의 대량분출을 집단의식으로 가진다고 말한다. 그는 이런 사회 현상을 기술혁명이라 하고 인터넷, 첨단통신, SNS을 통해 서구에서 동구로, 지구촌으로 번져 이제 우리는 변곡점 Tipping Point에 서 있다고 보았다. 기업은 미션을 가진 집단으로 변한다. 그들은 경제적 이익을 추구하는 것이 아니라 사회적 의무, 지구인의 삶, 사랑, 건강 등으로 인류의 효용성과 생산성에 집중하여 좀 더 총체적이고 종합적인 그림을 그리면서 몸과 마음, 영혼의 건강지킴이로서의 역할을 하게 된다. 사회적인 기업들이 그것이다.

이렇게 하기 위해서는 기업의 경영인들의 머리를 빌려 사회인들이 필요한 자본을 얻고, 그 자본으로 공동사회 기반을 마련해야 한다. 이를 크라우드 소싱 Crowd Sourcing이라고 하며 소규모 투자자들이 모두 조금씩 투자하여 크라우드 펀딩 Crowd Funding으로 집단투자를 하게 된다고 한다. 리눅스, 위키피디아 등이 그 예다.

이렇게 인간이라는 종자가 바뀌어 사회도 바뀌고 기업도 바뀌며 정부도 바뀔 수밖에 없다. 변화하는 시대에 가장 중요한 것은 바로 미래예측이다. 앞으로 "아는 것이 힘이다."라는 말이 더더욱 힘을 받게 되는 세상이 온다. 더 먼저 더 빨리 아는 것이 중요한데, 그 먼저 아는 힘이 바로 미래예측의 힘이다.

미래예측은 한 사람의 천재가 하는 것이 아니다. 각 분야의 최고 전문가들이 모여서 다양한 분석을 토대로 미래를 예측한다. 그러기 위해서는 세계 각국의 전문가들이 함께 해야 한다. 미국이, 한국이 모든 분야에서 1등을 하는 것은 아니기 때문이다. 미래예측전문가집단이 집단지성을 통해 상시로 바뀌는 미래를 함께 읽고 논의하고 숙의하여 진단하고, 그것을 수많은 지구인에게 알리는 작업이 미래예측보고서 발간이다.

흔히들 오늘을 살기도 힘든데 내일, 혹은 먼 미래를 신경 쓸 필요는 없다고 생각한다. 하지만 미래는 오늘에 의해 만들어진다. 앞으로 내가 살아야 할 미래를 알지 못하면 나 혼자만 엉뚱한 방향으로 가 있어 되돌아올 수 없어진다. 가령 정미소, 구두수선소, 양장점, 버스차장, 전기수도검침원, 25분 현상소, 비디오가게 등은 이제 찾아보기 힘들어졌다. 그리고 노래방, 학원, 예식장, 아동물품가게, 동시통역관, 기자, 비서 등 앞으로 사라질 것들도 많다. 새로 생겨나는 것은 더욱더 많은데 미래를 알면 엉뚱한 곳에 투자하여 막대한 손실을 볼 필요가 없다. 몇 년 전, 미국노동성은 10년 후에는 현재 직종의 80%가 소멸한다고 예측했다.

미래를 알지 못하면 장애물에 걸려 넘어지고 일어날 수 없을 정도로 큰 상처를 받을 위험이 있다. 한 번밖에 살 수 없는 인생에서 너무 늦어 되돌릴 수 없는 상황이 되기 전에 1년에 한두 시간이라도 미래예측에 투자하는 것이 현명하다. 손쉬운 방법은 미래예측서를 읽는 방법이다. 서구에서는 학교 교과과정에 미래사회변화를 배우며, 미래예측과정이 들어가 있다. 또한 미래 신산업, 신직종 등의 변화를 알려주는 정부가 40여 개나 된다.

우리나라는 특히 대외무역의존도가 70% 정도나 되기 때문에 미래사회 변화에 심각한 영향을 받는다. 미래에 글로벌 시장에 내 물건을 내놓으려면 미래 글로벌 시장의 지구인들이 무엇을 구매할 것인지를 알아야 미리 공장을 짓고 물건을 만들어 팔 것이 아닌가?

지구인들이 원하는 것을 미리 예측하여 제품을 생산하고 국민의 피 같은 돈으로 소멸하는 산업에 투자하는 짓은 더 이상 하지 못하게 해야 한다. 또한 미래전략청을 만들어 각국의 미래예측전문가들과 함께 미래를 연구해야 한다. 대한민국이 하루빨리 미래예측에 정책과 예산을 책정하는 나라가 되길 바란다.

2011년 11월
박영숙

차례

서문 • 4

사회의 대변화가 몰려온다

지구촌 모바일 국가 탄생하는가 • 13 | SNS시대에 맞는 세계적인 영웅이 온다 • 17 | 유엔이 사라지고 글로벌 정부가 탄생한다 • 20 | 2020 미래사회 10대 트렌드에 기부문화가 포함된다 • 26 | 2020년, 세계 권력의 중심은 아시아 • 30 | 2030년, 대한민국의 수백 개의 도시가 소멸한다 • 34 | 대한민국 2020, 부상인가 하강인가 • 43 | 중산층, 상류층 위에 새로운 창조층이 뜬다 • 47 | 10년 후면 국회의원 보기 힘들어진다 • 51 | 2020년, 정보화사회 지고 신농업사회 뜬다 • 56 | 세계미래회의 10년 후 메가트렌드 발표 • 66

생활의 혁명이 일어난다

2040년에는 남녀 모두 3명의 배우자와 함께 산다 • 79 | 2015년은 의료관광의 전성시대 • 84 | 똑똑하다는 것을 섹시하다고 믿게 하라 • 89 | 낙태 찬반 공방, 출산장려 그 대안은? • 99 | 2020년, 로봇이 인간의 운명을 좌우한다 • 105 | 저출산의 재앙, 2305년 한국 인구 5만 명 • 112 | 미래학자가 20년 전 예측한 '섬섬한 세상' • 117

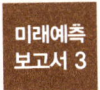
미래예측 보고서 3
교육의 뉴패러다임이 도래한다

종이교과서 가고 태블릿이 온다 • 125 │ 왜 이공계는 뜨고 인문계는 하락할까? • 128 │ 2020년에는 현존 직종의 80%가 소멸한다 • 135 │ 2015년에는 15세에 대학에 들어간다 • 141 │ 둥근 집 둥근 마음, 네모 집 네모 마음 • 146 │ 미래사회에 최대의 돈벌이는 교육포털이다 • 151 │ 미래사회에는 열공만 하면 망한다 • 154

미래예측 보고서 4
산업에 혁신의 물결이 밀려든다

한국 IT만 추락? 러시아는 나노에 목숨 걸었다 • 161 │ 총성 없는 클라우드 전쟁, 최종 승자는? • 167 │ 로봇에게 빼앗기는 아홉 가지 일자리 • 171 │ 구제역 대안, 고기를 만들어 먹는다? • 177 │ 2020년, 지자체의 제조업 유치는 자살골! • 187 │ '액체사회'를 모르면 대통령이 될 수 없다 • 191 │ 인터넷 다음은 스칼라넷이다 • 195 │ 서버회사는 소멸하고 클라우드 컴퓨팅이 뜬다 • 198 │ 서부로 금 캐러 가듯 해수농업이 뜬다 • 205 │ 미래직업 '라이프디자이너'가 뜬다 • 209 │ 2025년까지 세상을 바꿀 6가지 기술 • 214

미래예측 보고서 5
환경보전의 거대 강풍이 휘몰아친다

CO_2를 먹어 없애주는 고마운 미세조류 • 223 │ 줄소송당하는 세계의 대기업들 • 231 │ 살아남고 싶다고? 바다 위에 답이 있다 • 236 │ 2030년, 남해안이 가라앉는다! • 241 │ 방사성 오염물질을 먹는 미세조류가 있다 • 247 │ 석유를 대체할 최적의 에너지 '알지' • 251 │ 2015년이면 석유회사들이 폐소한다 • 257 │ '지구온난화' 대처, 못해서가 아니라 안 해서 당한다 • 261

**FUTURE
FORECAST
REPORT**

미래예측보고서 1

사회의
대변화가
몰려온다

지구촌 모바일 요기 탄생하는가

SNS시대에 맞는 세계적인 영웅이 된다

유엔이 사라지고 강토별 정부가 탄생한다

2020 미래사회 10대 트렌드에 기부문화가 올랐는다

2020년, 세계 권력의 중심은 아시아

2030년, 대한민국의 수백 개의 도시가 소멸한다

대한민국 2020, 부상인가 하강인가

중산층, 실류층 위에 새로운 상조층이 뜬다

10년 후면 국외기관 보기 힘들어진다

2020년, 정보화사회 지고 신농업사회 뜬다

세계미래회의 10년 후 예기표 트렌드 발표

1
지구촌 모바일 국가 탄생하는가

　국가의 경계는 점점 허물어지고 트위터, 페이스북 등의 다양한 소셜미디어는 지구촌을 하나로 묶어주고 있다. 말레이시아 유엔미래포럼지부에서는 '지구촌 목소리'라는 지구인 상시투표의 장을 마련하여 지구인들의 목소리를 대변하려 한다. 미국의 시스테딩 연구소는 독립 정치사회제도를 가진 수상 국가 Ocean Communities를 건설하고 있다. 2024년에는 세계단일화폐를, 그리고 2034년에는 세계단일헌법을 출현시키기 위해 준비하는 단체들도 있다.
　지난 7월 캐나다 밴쿠버에서는 1,000여 명의 미래전략가들이 참석한 가운데 세계미래회의가 열렸다. 이 회의에서는 모바일 국가 탄생 도래에 대한 주제발표가 있었다. 미국 노스캐롤라이나 주 카토바 카운티의 릭 세미어 미래위원장과 듀이 해리스 카운티 행정처장은 앞으로 국가 정부·시·군 등에 모바일 행정, 모바일 국민행동이 급증할 것이라고 말하며 2020년에는 나라의 주인인 국민의 적극적인 의사표현과 참여가 대세가 될 것으로 예측했다.

지역사회 군이나 시·도의 지도층, 즉 군수·시장·도지사들은 소셜네트워크의 영향에 대해 잘 모르는 편이다. 그래서 새롭게 부상하는 젊은 층이나 수요자들의 희망사항이나 미래 이슈가 떠오를 때의 그 신호를 제대로 읽지 못해 소 잃고 외양간 고치는 실패를 거듭할 수 있다. 이러한 사태를 예방하기 위해서는 지역사회의 지도층들을 비롯한 공무원들의 소셜네트워크 교육이 필요하다.

현재 '모바일 연결'이라는 단어가 부상하면서 소셜네트워크의 이용이 늘고 있다. 또한 수많은 행정이나 정책에 대한 관심도 높아지면서 자신의 의견을 보내는 사람들도 늘고 있다. 지역사회 지도자가 모바일로 지식을 연결해주는 서비스가 늘고 있고, 지역사회에 살고 있는 아주 급진적인 사고의 주인공이 자신의 의견을 지역사회 전부에 심어주는 일이 생길 수도 있어 순식간에 젊은 층의 의견이 전국을 압도할 수 있다. 한국에서 이슈화된 반값 등록금 현상도 바로 이런 것이다.

이런 시대에 대비하기 위해 시·도·군에서는 새로운 의사결정 수단을 만들어야 한다. 의회나 의결기구는 회의를 소집하는 데에만 수주일이 걸린다. 의사를 결정하는 데는 몇 달이 걸리기도 한다. 하지만 이 소셜네트워크나 모바일 커뮤니티는 하루 이틀 만에 모든 사람의 의견을 규합하여 시의회·도의회가 개최되기도 전에 이미 사건이 종결된다. 의회 무용론, 지역정부 무용론은 이렇게 부상하기 시작했다.

이런 상황이 일어난 대표적인 곳이 이집트다. 18일간 젊은 층을 중심으로 일어난 데모에 의해 이집트의 호스니 무바라크 대통령은 30년간 집권해온 정권을 내놓아야 했다.

노스캐롤라이나 주의 카스토니아 카운티에서는 신新직접민주적 의사결정 교감(합의)제도 시스템을 만들었다. 이것은 사건이 진행될 때 휴대전화 여론조사를 통해 신속하게 의사결정을 할 수 있도록 정부 시스템을 바꾸는 체계다. 이 시스템에서는 4가지 중요한 포인트를 시민들에게 묻는다. 첫째는 가장 중요한 이슈 파악이다. 둘째는 시민포럼에서 파악된 중요 이슈의 쟁점 파악, 셋째는 그 이슈의 대안을 찾는 팀을 만들어 그 이슈의 중요한 요소와 원인 정의, 넷째는 최다 참가자를 신속하게 이끌어낼 수 있는 투표를 시스템화하여 의회의 역할을 시민 스스로가 신속하게 할 수 있는 것이다.

〈전자공화국The Electronic Republic〉의 저자 로렌스 그로스먼은 신新직접전자민주주의의 하이브리드 정부가 200년 된 미국의 낡은 의회민주주의를 삼키게 될 것이라고 한다. 의회 대표에 대한 신뢰도가 떨어지면서 사회의 불평불만을 확인하고, 국민 간의 공감대를 손쉽게 하기 위해 소셜네트워크나 전자 시스템 등으로 상시 무료 국민투표도 만들어지고 있다.

노스캐롤라이나 주의 코노버 시는 시의 홈페이지 바탕화면에 있는 QR코드를 스마트폰으로 찍어서 투표하는 시스템을 만들었다. 이렇듯 어느 곳에서나 자신의 위치와 신분이 확인되는 휴대전화로 투표하여 의사결정을 할 경우 의회의 의견수렴은 필요 없다.

이렇게 되면 현존하는 국가들이 합종연행 M&A를 할 수도 있다. 이들은 일명 모바일 국가로 국민이 상시 전화로 모든 문제를 투표함으로써 "신직접민주주의"를 지향할 수 있다. 이로써 국회는 예산심의 등을 못하게 되거나 예산은 국민예산심의위원회에서 국민이 원하는 곳에 쓰이게 될 것이다. 법과 제도 또한 국민이 상시 법이나 제도를 제안하여 국회는 단지 국민의 손과 발이 되어 국민이 시키는 일만을 하게 되는 상황이 올 수도 있다. 중앙정부의 힘이 빠지면서 똑똑한 개개인들이 SNS를 등에 업고 힘을 얻을 것으로 예측된다.

2 SNS시대에 맞는 세계적인 영웅이 온다

미래학자 이안 피어슨은 일본의 원전사고와 중동 아프리카의 민주화운동으로 지구촌 정치가 변한다고 예측했다. 이안 피어슨은 영국의 브리티시텔레콤에서 미래예측 팀장을 지냈고, 미래기술예측 등 다양한 보고서를 냈다. 지난 20여 년간 미래학자로서 다양한 미래예측 기고문을 발표했고, 미래예측관련 명강사로 지구촌 다양한 곳으로 강연을 다닌다.

그는 자신의 홈페이지에 올린 글에서 곧 지구촌 영웅이 탄생할 것이라면서 지구촌의 영웅은 지구촌의 과제를 다룰 수 있는 사람이라고 천명했다. 또한 물 부족, 환경오염, 에너지 부족, 여성아동빈곤, 국제질병, 국제범죄, 도덕과 윤리, 첨단과학과 인류 등에 관한 대가와 대안을 제시하면서 인류는 지구촌의 민초들을 이끌어갈 글로벌 지도자를 염원하고 있다고 예측했다. 지구촌 지도자가 되려면 기후변화, 지구온난화, 대체에너지 등의 대안과 일본 원전에서의 방사선 유출로 핵발전소 대안, 중동 아프리카 내전 등으로 인한 석유 대안을 마련해야 한다. 이러한 지구촌 과제를 해결하는 사람만이 지구촌의 글로벌 지도자로 우뚝 서게 될 것이다.

지구촌은 현재 길을 잃고 방황하고 있다. 대부분의 국가는 자신의 지도자를 좋아하지 않는 것으로 드러났다. 모든 곳에서 사람들은 변화를 외치고 있다. 그러나 그러한 요구에 응답한 지도자는 없다. 웹과 연결되어 일하며 소셜네트워크를 이용한 정보전달은 점점 더 빨라지는데, 정치지도자는 국민에게 자신만의 생각을 주입시키려 하고 그것마저도 선거에서 승리하면 실행에 옮기지도 못할 거짓말이 대부분이다. 사람들은 힘이 없음을 느끼면서도 자신들의 의지를 반영하려 하고, 무엇인가 변해야 한다고 믿지만 현재의 지도자를 보면서 역겨워만하고 있다.

사람들은 변화를 원한다. 그것은 한두 곳이 아니라 지구촌 전체에서 불길처럼 일어나는 요구다. 글로벌 커뮤니티는 변화를 원한다. 실제로 중동, 뉴질랜드, 일본, 호주, 아프리카 등에서 그 불길이 일어나고 있다. 지도자들은 변화를 싫어하지만 지구촌은 통신망으로 촘촘히 연결되어 있어서 새로운 변화를 지향하는 움직임이 나타나면 몇 분 이내에 온 지구촌이 들끓는다. 현재 지도자들은 비효율적으로 국민을 설득하려 하지만 결국 정치적인 진공상태만 더 많이 만들 뿐이다.

지구촌이 변하고 있다. 민초들이 반발하고 새로운 형태의 거버넌스Governance가 생겨난다. 사람들은 소셜네트워크로 연결되어 부패나 부정, 독재자나 전제주의, 국민의 의사를 무시하는 국가권력을 반대하고 있다.

지구촌은 이제 환경, 인권, 평등, 깨끗한 물이나 식품 제공 등에 관심을 가진다. 소셜네트워크에서 원하는 바가 그것이다. 한동안 지구촌은 지도자가 없는 다양한 민중운동이 일어날 것이다. 튀니지, 이집트, 이라크에서 리더 없는 민중운동이 일어났듯이 말이다. 스스로 조직하고 자체적으로 의사결정을 하는 시민이 변화를 추진하고 있다. 웹으로 무장된 정치세력의 부상을 우리는 경험하고 있다. 지구촌운동을 이끄는 무명인들이 지난 수백 년간의 정치세력을 몰아내고 새로운 민중협업 리더로 나서고 있다. 그것은 첨단기술과 통신기술이 세상을 바꾸는 밑거름이 되었기 때문이다.

이안 피어슨은 이러한 민초들의 변화 움직임이 성숙단계에 들어갔다고 본다. 지도자의 무능력에 불만을 품은 일반인이 움직이기 시작했다. 우리는 위대한 영웅이 이러한 상황을 모두 안고 탄생하기를 기다리고 있다. 그리고 그런 날이 곧 올 것이라고 본다. 그는 지구촌의 영웅이며 리더가 될 것이고, 지구촌의 문제를 다스릴 것이다.

3
유엔이 사라지고
글로벌 정부가 탄생한다

　60여 년 전에 만들어진 유엔UN의 목적은 평화를 보장하는 것이었다. 2015년이 되면 70주년이 되는데 인간의 평균수명을 살고 나면 조직도 바뀌어야 한다는 의미로, 유엔의 대대적인 구조조정과 무의미론이 확산되고 있다. 브라이언 콜랜은 스웨덴의 미래학자로 수년 전부터 유엔의 무용론을 주장했다. 1945년 제2차 세계대전 종말과 함께 만들어진 유엔은 전쟁을 막기 위해 만들어졌지만 세계무대에서 말발이 전혀 서지 않으며, 유엔이 만들어진 이후에도 수많은 전쟁이 벌어졌다. 그리고 그 과정에서 400만 명 이상이 목숨을 잃었다.

　유엔헌장 2조에 의하면 유엔회원들은 평화와 안보, 정의가 위협당했을 때를 포함한 모든 국제논쟁을 평화적인 수단으로 해결하는 것을 목적으로 한다. 회원들은 타국이나 주변을 위협하지 않아야 하고, 어느 국가도 자신의 영역을 침해당하거나 정치적 독립을 위협당하지 않아야 한다.

유엔헌장 51조에는 유엔가입국에 무장공격이 발생했을 때에는 다 같이 협력하여 평화와 안보보장을 받도록 도와줘야 한다고 명시하고 있다. 또한 유엔헌장 109조에 의하면 헌장을 바꾸기 위해서는 회원국들의 투표를 통한 동의를 얻어야 한다.

그러나 유엔은 이제 아무런 결정도 못하고 전쟁이나 불상사가 일어나면 단지 "심히 염려한다."는 사무총장의 성명만 발표하고 있는 형편이다. 지구촌 글로벌 투표를 주장하는 단체들은 글로벌 투표를 주장하면서 시작된 '지구 살리기Rescue Plan for Planet Earth'에서 지구촌 투표구Global Electorate를 정하고 직접 투표를 하는 직접민주주의를 지지하고, 지구촌 대표인 지구 국회의원을 지지하며 민주적인 세계 정부를 지원해야 한다는 운동을 벌이고 있다.

글로벌 통치가 필요한 것은 이미 자명한 일이다. 지구온난화, 기후변화 등 이른바 세계 정부가 공정하게 관리하지 않으면 다 같이 멸망하고 말 이슈가 많다. 글로벌 경제의 파수꾼 혹은 관리자도 필요하다. 글로벌 기구들을 보호하고 글로벌 노동력을 보호하고 기술 발전을 향상시키고 종래 전혀 존재하지 않았고 경험하지 않았던 네트워크 통합을 어떻게 해결해야 하는지 고민해야 한다. 이제 금융권이 모두 하나로 연결되어 한 국가의 장애는 지구촌의 장애, 한 국가의 문제는 지구촌의 문제가 될 수밖에 없다. 그렇기 때문에 세계 정부의 출현은 필수가 된다.

현재 4가지 시나리오가 있다. 첫째, 현재처럼 그냥 내버려두자. 둘째, 유엔을 개혁하자. 셋째, 유엔 대신 지구의회를 만들어 지구 국회의원을 뽑자.

넷째, 지구촌의 수십억 인구를 죽이는 전쟁이나 과도한 우주 쓰레기를 버리는 것을 규제하기 위해서 세계 정부를 만들자가 그것이다.

유엔은 기본적으로 민주적이지 않다. 각국의 대표는 선출되는 것이 아니라 임명된다. 또한 그들은 자신의 의견을 표현하는 것이 아니라 국가의 지시사항을 읽을 뿐이다. 유엔의 구조조정은 유엔안보리에 일본, 브라질, 인도, 독일, 남아프리카공화국 등을 가입시키는 것이다. 하지만 이 작업은 아직도 진행 중이다. 이렇듯 가장 민주주의적이어야 할 유엔이 선거 없이 정부대표 임명인들로 구성된다는 것은 민주주의에 역행하는 일이다. 그러므로 유엔이 제대로 활동하려면 지구인들은 한날한시에 유엔에서 일할 자신들의 대표를 지역구마다 선출해야 한다.

지구촌 헌법, 지구촌 정부, 지구촌 경찰 등이 형성되면 지금처럼 아무 나라나 바다 한가운데에 폐수를 버리고, 지구촌의 허파인 나무를 잘라서 태우거나, 수많은 인공위성을 쏘아 올리고 우주 쓰레기로 방치하는 등의 지구 종말을 가지고 올 위험들을 없앨 수 있다. 이러한 지구촌의 공동규칙이 없으면 정신 나간 한두 명이 핵무기를 사용할 수도 있고, 자연재해처럼 꾸민 인재들로 지구촌이 몰살될 수도 있다. 〈지구가 멈추는 날〉, 〈2012〉 등의 영화는 지구촌이 어떻게 멸망해갈 수 있는지를 보여준다.

물론 세계 정부 혹은 글로벌 정부가 절대적인 힘을 가져서는 안 된다. 지구촌에 존재하는 각국 정부가 언제나 세계 정부에 이의를 달 수 있어야 하고, 무조건적인 복종도 없어야 한다. 하지만 지구촌 공익을 지키지 않으면 글로벌 경제에서 제재를 가할 수 있게 하여 지구촌의 공익을 위해 협력하는 모습을 보여줘야 한다.

지구촌 투표는 각 국가에서 가지고 있는 투표권역, 지역구나 읍면 단위 등의 투표는 그대로 진행되지만, 국가나 국가 위의 어떤 주제를 다룰 때는 지구인들이 함께 투표하여 정하는 것을 말한다. 예를 들어 지구온난화로 각국 사람들이 호흡세를 연간 1달러씩 지구촌 정부에 내야 한다는 법안을 통과시킬지에 대한 투표를 들 수 있다.

글로벌 정부의 목적은 글로벌 군대를 창설하거나 글로벌 소방대를 만드는 것이 아니라, 글로벌 인구의 시민사회에서 정치적인 목소리를 키우는 것이다. 지구들인이 한날한시에 투표하여 전쟁에 대한 반대의 목소리를 내고, 전쟁에 대해 거부권을 행사하여 모든 전쟁을 중단시키고, 궁극적으로 전쟁을 없앨 수 있는 힘을 키우자는 것이다.

지구촌 정부는 글로벌 의사결정을 할 때 국가별로 들어가는 정치적·경제적·개인적인 비용을 줄이기 위해 만들어졌다. 실제로 각 국가는 국회의원이나 정부를 유지하는데 너무나 많은 비용을 쓰는데, 세계 정부에서 진행하는 지구촌 투표를 통해 각국 지구인들의 의사를 판단하고 지구인 공동의 입장으로 각국 정부의 의지와 다른 결정을 내릴 수도 있다.

민주적인 세계 정부는 인간의 소프트 파워를 한껏 이용할 수 있고 외교권과 경제적인 결정을 할 수 있다. 이것은 삼권분립에 의한 가장 중요한 지구촌 의사결정의 파워 툴이 된다. 지금까지 인류는 위기가 눈앞에 닥치거나 최악의 경험을 하지 않고는 아무런 행동도 하지 않았다. 유엔 역시 인류 역사상 최악의 전쟁으로 불리는 제2차 세계대전 이후에 만들어졌다. 지금 유엔개혁안이 나오고는 있지만 아직 최악의 경험을 하지는 않았기 때문에 그 누구도 나서서 개혁안을 결정하려 하지 않는다.

그러나 세계 곳곳에서 심각한 기후변화가 일어나고 있다. 20년 후에는 해수면 상승으로 대만의 18%가 가라앉을 거라고 한다. 지구촌 각국은 님비 현상으로 자신의 국가에는 나쁜 환경의 그 무엇도 설치하지 않으려 하면서도 이산화탄소와 온실가스를 대기에 마음껏 내보낸다. 또한 자기 국가 밖에 몰래 쓰레기를 버리고, 바다 한복판에 폐기물을 투척하고, 우주 공간에 쓰레기를 마구 방치하고 있다.

2020년, 2025년이 되면 유엔은 사라지거나 개혁되고 새로운 글로벌 정부, 세계 정부가 탄생할 것이다. 2024년에 세계단일통화가 나오고 2032년에 지구헌법이 공표된다고 한다. 2030년 정도가 되면 전 세계 지구인들이 인터넷 투표를 통해 지구촌의 위협에 관한 의사결정을 할 수 있을 것이다. 글로벌 통치는 글로벌 정부가 있어야 가능하다. 자크 아탈리 프랑스 사르코지 대통령 자문은 금융위기가 왔을 때 글로벌 경제 룰을 정해야 한다고 주장한다.

호주의 유명한 역사가 제프리 블레너리는 지구역사상 최초로 세계 정부 탄생의 다가옴이 보인다고 말했다. 지던 라치먼은 2008년 12월 8일 〈파이낸셜 타임스〉의 기고문에서 세계 정부가 탄생되기 직전이며 세계 정부를 위한 헌법 등을 정하고 있고 세계 정부는 각국 정부의 협력관계뿐만 아니라 그 이상의 좋은 점을 구상하고 있다고 말했다.

우리는 지금까지 상상도 하지 못한 이상한 일들을 경험하고 있다. 첨단기술 발전으로 우리는 전례 없이 서로 연결되어 있고, 국가가 할 수 없는 일들이 생기고, 어떤 현상은 국가가 손을 쓸 필요도 없이 사라지고 있다. 국가 간의 경계가 사라지기 때문이다. 이민이나 여권 등 국가 간의 방문비자 등이 한동안은 존재하겠지만 더 이상 필요가 없어지는, 그래서 국가의 공무원이 그 일을 더 이상 할 필요가 없는 세상이 곧 올 것이다. 지구촌의 문제를 연구하는 사람, 지구촌의 위협을 생각하는 모든 사람은 지구촌 정부의 필요성을 강조하고 그것이 5~10년 안에는 만들어져야 한다고 주장한다.

4. 2020 미래사회 10대 트렌드에 기부문화가 포함된다

신세대는 같은 값이라면 의미 있는 물건을 산다고 한다. 돈과 명예도 중요하지만 개개인의 삶을 즐기려는 그들은 소비에서도 자신의 성취감을 찾기 때문에 같은 물건이면 돈을 조금 더 주더라도 의미가 있는, 남을 도울 수 있는 물건을 사려 한다는 것이다.

특히 지구촌의 문제해결에 대한 교육이 성행하면서 신세대들은 기후변화의 대안, 지속 가능한 삶, 장애인을 돕는 일, 불우이웃돕기, 재해재난에 관한 두려움, 글로벌화로 인한 지구촌의 문제에 더욱더 신경을 쓰게 되었다. 이는 이러한 것들이 교육과정에서 강조되거나 유학이나 어학연수를 다녀온 아이들이 다른 국가의 삶이나 사고의 행태를 배워오기 때문이다.

2020 미래사회 10대 트렌드인 고령화Aging, 융합Blending, 기후변화Climate

Change, 디지털화Digitalization, 에너지와 환경Energy and Environment, 여성성 강화Female 등에서 기부문화Philanthropy가 포함되었다. 이렇듯 신세대는 기부에 대한 남다른 의지가 있다.

미국 부자의 절반은 기부를 한다. 빌리언에어 클럽, 즉 빌 게이츠와 워런 버핏이 이끌고 있는 '기부 서약Giving Pledge'이라는 기부 클럽에 최근 페이스북 오너인 마크 주커버그가 가입하면서 "늙을 때까지 기다렸다가 기부하는 것이 아니라 젊은 갑부들은 젊어서 기부한다."고 말했다. 마크 주커버그는 2010년 9월에 1억 달러를 뉴욕의 공립학교 발전을 위해 기부한 바 있다.

헤지펀드Hedge Fund는 금융계의 큰손으로 대한민국의 IMF 경제위기를 불러왔던 조직이다. 이 펀드의 데이빗 하딩은 '자선가Philanthropist'라는 조직을 구성하여 미래기후변화 대안을 물리학으로 해결해달라고 캠브리지대학교에 2,000만 달러를 기부했다.

피터 디엘 회장은 미래에 기부하는 프렌드인 '디엘 기금Thiel Foundation'을 만들어 MIT에서 시작된 엑스 프라이즈X Prize, 즉 과학자들이 융합기술로 지구촌 과제를 해결하기 위한 상금을 내놓았다. 그는 또 미래예측의 중요성을 강조하면서 미래예측을 하는 기구나 기관들을 돕기 위해 비영리단체인 '포사이트 인스티튜트Foresight Institute'를 지원하고 있으며 '시스테딩 인스티튜트Seasteading Institute' 등 해양거주 주택건설을 연구하는 재단에도 거금을 기부하고 있다.

버진 그룹 회장인 리차드 브랜슨 경은 영국의 버진 항공, 우주관광선 버진 갤럭틱 등을 개발한 사람으로 '기부사업Philanthropy Business'이라는 새로운 언어를 만들어 기부기업 클럽에 많은 기업이 참가하도록 독려하고 있다. 그는 '기후변화상황실Climate War Room'을 영국에 만들어 이제 기후변화는 지구가 맞선 전쟁이라고 강조하면서 매년 기후변화를 해결할 수 있는 기술을 개발하는 사람에게 300억 원의 상금을 주고 있다. 그는 2010년 10월에 이미 공기 중의 이산화탄소를 제거하는 기술을 개발한 사람에게 1회 상금을 수여했다.

미국국립기부트러스트에서 발표한 통계자료를 보자. 미국 가구 중 65%가 기부를 하며 연간 가구당 기부금은 2,213달러로 평균은 870달러다. '기빙 USA Giving USA'라는 기부단체에 따르면 2009년의 기부금액은 3,040억 달러에 달한다. 2008년의 3,150억 달러에 비해 3.6% 감소한 이유는 금융위기 때문인 듯하다. 미국 역사상 기부금액이 최대치였던 해는 2008년이었고 2007년에는 3,170억 달러였다.

2009년의 기부금액 중 5.5%인 144억 달러가 기업이 기부한 금액이며, 재단에서 기부한 금액은 429억 달러로 9.4%를 차지한다. 기부금액의 대부분은 개개인이 낸 것으로 2,274억 달러로 전체 기부의 75%를 차지한다.

2009년 기부의 최대 수혜자는 종교단체로 기부금액의 33%가 돌아갔다. 그 뒤를 이어 교육기관에 13%, 그랜트 재단에 10%, 보건복지에 9%의 기부금액이 모였다. 대부분의 기부금이 줄었지만 보건복지 분야의 기부액은 증가한 것으로 드러났다. 기부금액은 2009년 GDP의 2.1%인데, 역사적으로 보면 증권시장의 3분의 1 정도에 따라 증가하는 것으로 나타났다. 미래예측에서는 2052년 55조 4천억 달러까지 기부금액이 증가할 것으로 보고 있다.

2055년에는 약 41조 달러가 다음 세대를 위해 기부될 것으로 예측된다. 98%의 부유층이 기부를 지속적으로 하고 있으며, 기부의 이유는 사회환

원이라고 답했다. 81%의 부유층은 빈곤층을 돕는 기관에 기부하며 78%는 교육에, 68%는 복지와 종교에 기부한다. 필란드로피 크로니클지가 조사한 바로는 2009년에 온라인 기부가 5% 증가한 것으로 드러났고 소셜네트워크인 페이스북을 통한 기부가 대표적이라고 발표했다.

미국의 자선기관은 2009년에 123만 8,201개로 2008년에 비해 4% 증가, 지난 10년간은 57% 증가했다. 이러한 자선기관은 1980년 이래 242%가 증가했고, 2000년 이래 33.6%, 2005년 이래 6%가 증가했다. 세금면제 기관에서 1천만 명 정도를 고용하여 미국 노동력의 6.9%를 고용하고 있다.

또 2009년에는 6,340만 명이 자원봉사를 했는데, 이는 전미국민의 26.8%가 자원봉사를 한 꼴로 돈으로 따지면 시간당 20.85달러를 기부한 것이다. 전미국민이 8억 시간을 기부했으니 1,690억 원을 기부한 꼴이 된다. 자원봉사 영역으로는 기부금 모금이 26.6%, 식품 분배 23.5%, 일반 노동 20.5%, 교육 19.0%다. 종교단체에 자원봉사한 것이 35.6%, 교육기관 자원봉사가 26.6%, 사회복지기관 13.8%, 의료보건기관 8.3%다. 미국에는 자원봉사 지원기관이 4만 5천 개가 존재하며 자산은 760억 달러 정도다.

5
2020년, 세계 권력의 중심은 아시아

미래에 있어 큰 변화는 서양에서 동양으로 권력이동이 일어난다는 것이다. 미래에 미국은 시장규모나 기업경쟁력에서 뒤지게 되는데, 가장 단순한 이유는 인구다. 2020년이 되면 중국이 19억, 인도가 17억 등 아시아 인구는 56억 명이 된다. 미국국가정보위원회NIC가 낸 2020 보고서에 의하면 이때 미국은 4억 정도가 된다. 정보공유화로 누구나 오픈소스화된 무료정보를 24시간 검색하고 읽고 가지고 와서 내 제품, 내 프로젝트로 만들어 판다. 이것이 인구가 국력이 되는 이유다. 또한 인구가 있어야 소비시장도 있다. 기업은 소비자 가까이에서 공장을 만들고 제품을 출시한다. 중국에서 물건을 만들어 중국에 팔면 운송비를 줄이고 고품질 서비스를 제공하며 싼 임금으로 제품 경쟁력이 높아진다.

권력이동의 가장 큰 이유는 글로벌 시장의 이동이다. 이 글로벌 시장을 구성하는 것이 구매력이며 인구다. 인구가 국력이라는 말은 제롬 글렌 유엔미래포럼 회장이 40년 전에 만든 미래포뮬라인 미래공식에서 나온다. 인구밀도가 높으면 더 가난하다는 논리가 먹혀들던 시절에 그는 이미 정보화시대를 예측했다. 그리고 그는 정보공유화가 되면 이제 똑똑한 아이는 없어지고 부지런한 아이만 남을 것이라고 주장했다.

현재 한 사람의 머릿속에 저장된 정보나 지식보다 인터넷이 저장하고 있는 정보나 지식이 70억 배 이상 많다고 한다. 그리고 이 정보의 양은 기하급수적으로 늘어나지만 인간의 머릿속 지식은 새로운 것이 들어가면서 기존의 것은 지워진다. 인간의 기억용량은 한정되어 있기 때문이다. 대부분의 정보나 지식이 무료로 오픈소스화되어 있는데, 더 많은 인구가 이 공짜지식을 가지고와 자신의 제품, 서비스, 프로젝트로 만들 수 있다. 그러므로 2020년에 중국 인구 19억이 가지고 오는 정보의 양과 미국 4억, 유럽 12개국 2억, 대한민국 4천만이 가지고 오는 정보의 양은 다를 수밖에 없다.

아시아 시장의 급부상은 아시아 인구의 구매력이 글로벌 마켓을 형성하면서 일어난다. 2015년 중국의 인구가 0.4% 증가할 때 인도는 1.5% 증가한다는 게 2010년 말 미국인구통계국의 예측이다.

미래예측에서 인구가 감소한 국가의 경제가 성장하는 경우는 거의 없다. 그 나라에서 새롭게 엄청난 에너지 자원이 개발된 경우를 제외하고는 인구감소는 경제력 감소로 이어졌다. 인구감소는 구매력 감소, 시장 감소, 공장이나 생산력 감소, 일자리 감소, 일자리 해외이동으로 이어져 악순환이 반복된다. 더군다나 세계경제가 침체일 경우는 교육이주, 노동이주가 가속화된다. 코넬대학의 국제무역정책전문가 이스와르 프라사드 교수는 앞으로 적은 인구를 가진 유럽 국가들이 다이내믹한 아시아의 부상 시장으로 권력이 이동하는 상황에 적응하기가 아주 어려워질 것이라고 예측한다.

아시아 국가들은 부상하는 경제력인 중국과 인도의 글로벌 시장으로 흡수되어 동반 발전이 가능하다. 하지만 이들 아시아 대국들의 정치적 불안정은 그들이 글로벌 최선책을 내거나 글로벌 리더가 될 수 없는 취약점으로 작용할 것이다. 서구경제학자들은 이렇게 지구촌의 문제해결에 눈을 뜨지 않고 경제력만 커지는 아시아의 부상 국가들에 책임을 강조하는 중요한 시대가 왔다고 말한다.

2010년, 지구촌의 리더인 미국의 인구는 3억 874만 5,538명으로 인구증가속도는 1940년 이래 가장 낮은 증가율이었다. 경제력 2위인 일본과 4위인 독일의 인구감소도 지속되고 있다. 고령화 또한 심각한 문제로 고령화가 지속되는 나라들은 고령인구를 돌볼 인구나 생산인구를 이민으로 받을 수밖에 없는 상황이 오고 말 것이라고 본다. G7 중에서는 미국의 평균연령이 36.6세로 가장 낮은데 그 외 국가들은 평균연령이 40세를 넘으면서 고령화로 들어가는 복지예산이 눈덩이처럼 불어나고 있다.

2025년이 되면 중국의 국민 평균연령이 미국의 평균연령보다 높아지게 된다. 미국은 이민을 수용하고 있지만 중국은 1가정 1자녀 정책을 지속하기 때문이다. 유엔인구통계에 따르면 현재 중국의 평균연령은 34.2세로 2025년에는 38.9세가 되는데, 이때 미국의 평균연령은 38.7세가 된다고 한다.

인구증가는 노동력 증가, 구매력 상승, 일자리 창출로 이어지므로 10년 내에 중국이나 인도가 국제교역의 중심지로 부상할 것이라고 예측하는 사람들이 더 많다. 뭄바이 국제인구과학연구소의 나이시람 싱그 인구통계 교수는 인도와 중국에 엄청난 재앙이 닥치지 않는 한 이 두 국가가 세계경제의 중심이 될 수밖에 없다고 주장한다.

이 새로운 질서는 부상하는 아시아 국가들이 지구촌 경제활동, 교역, 금융, 정치에서 점차 목소리를 높이며 자신들끼리 뭉치는 현상으로 목격된다. 아세안의 활동이 부쩍 늘었고 중국과 인도의 영향력은 갈수록 커지고 있다. 최대 시장이며 최대 성장국으로서 자신들의 주장을 시작한 것이다.

현재 국내외 인구이동이 가장 적은 나라는 중국이고, 이민 등으로 인구이동이 가장 많은 나라는 미국이다. 한편으로 중국과 인도가 최대 경제력으로 가는 데는 아직도 20~30년이 걸릴 것이라는 예측도 있다.

또한 브레인 드레인 역류Reverse Brain drain 현상이 일어나는데, 이것은 선진국에서 공부를 한 개발도상국 출신 전문가들이 자신의 국가나 도시가 부상하면 그들의 모국으로 돌아가 회사를 세우거나 기업에 들어가 CEO 자리 등을 차지하는 현상을 말한다. 또한 유럽이나 미국인들이 일자리를 찾아 개발도상국이나 아시아 등으로 찾아와 부상하는 경제에 합류하려 하는 인재 역류 현상도 일어나게 된다.

특히 BRICs나 아시아, 그중에서도 중국, 인도로 향하는 브레인이 많아진다. 나이시람 싱그 교수는 브레인 드레인 현상이 일어났던 인도의 경우, 선진국에서 일자리를 찾은 인도인이 인도로 보내는 돈이 연간 GDP의 2% 정도가 되며, 이들은 인도의 경제가 좋아지면 귀국을 희망하는 경우가 많다고 지적했다. 결국 아시아의 권력이동에는 그만한 책임이 따른다는 점을 기억해야 할 것이다.

2030년, 대한민국의 수백 개의 도시가 소멸한다

웬디 슐츠 박사는 하와이대학교 미래예측 박사학위를 소유한 미래석학으로 글로벌 이노베이션 포럼에서 '도시의 미래와 경쟁력'에 관한 주제를 발표했다. 이 자리에서 그는 '꿈의 도시, 사라지는 도시, 생존 가능한 도시' 등 3가지 시나리오를 밝혔다.

인간은 가능한 미래를 예측하고 미래를 만들려고 한다. 미래는 예산과 정책으로 만들어지는데, 우리가 선호하는 미래가 무엇인지 알 수 없기 때문에 여러 석학이나 전문가가 모여서 우리가 꿈꾸는 미래와 앞으로 다가올 미래를 예측한다. 글로벌보험회사인 주리히Zurich는 한 광고문구에서 "미래가 어떻게 되는지도 모르는데 왜 예측을 해야 하나?"라는 질문에 "변화는 정말 일어나고 있고, 이것은 우리 모두의 주변에서 일어나 결국 준비된 사람만이 미래의 행운을 잡을 수 있기 때문이다."라고 답했다. 그리고 우리는 앞으로 현재의 아이들이 선호하는 미래에 살아야 하므로 우리의 부주의나 미래변화를 잘 파악하지 않은 무관심으로 부당하게 피해를 입을 수도 있다고 강조하면서, 우리의 용기 있고 경쟁력 있는 의사결정이 미래의 우리 후손들에게 좋은 기회를 가져다줄 거라고 말했다.

인간은 미래의 상황이나 변화의 증거를 미래 속으로 들어가 찾을 수 없다. 일직선의 미래, 정확하게 그려진 미래는 아주 우스꽝스럽게 틀릴 수가 있다. 역사학자와 미래학자로서 '지금처럼 그대로 행동한다'는 생각으로 가만히 있을 수는 없다. 미국발 금융위기로 2008년 9월, 은행가, 주택금융 이용자 등이 위기를 맞으면서 그들은 '지금처럼'은 절대로 불가능하다는 것을 알게 되었다. 미래학자로서 할 일은 부상하는 이슈와 변화의 증거를 잡아내고 그 미미하고 조그마한 변화가 큰 파도가 되어 밀려올 수 있음을 알려주는 것이다.

그 방법을 호라이전 스캐닝Horizon scanning 또는 환경 스캐닝이라 한다. 우선 미미하게 부상하는 변화를 파악할 수 있어야 하는데, 이런 미미한 나비의 날갯짓을 '이머징 이슈'라고 한다. 여기에는 기회와 도전이 함께 따른다. 도시의 미래는 어떻게 될까? 주택은 이대로 갈까? 시장은 어떻게 변할까? 바이오 공학의 성공으로 텅텅 비어 있는 산업단지들이 유전자변형 곡물재배단지로 변하지는 않을까? 동식물에서 나온 원자재를 사용하여 플라스틱이나 약제를 만들지 않을까? 그렇다면 현재의 농수산업 GDP가 2.8%에서 10%로 증가하지는 않을까?

석유시대가 10년 정도는 남아 있고 아직 새로운 '값싼' 대체에너지가 나

오지 않았다. 항공오일이나 모든 교통비가 너무 비싸지고, 식품운송이나 배달이 비싸지면서 비료도 비싸졌다. 거기에 도시농업이 발달하면서 스스로 집안에서, 빌딩에서 채소를 생산할 수도 있다. 또 인간과 기계가 점점 가까워져 인간은 기계를 달고 기계는 인간의 피부를 달게 되는 상황에서 인간의 신체기능이 강화되고 더 멀리, 더 높이 뛰는 등의 변화가 일어나며 새로운 가치관과 삶을 원하게 될 것이다.

싱귤래리티대학에서는 50년 이내에 첨단기술 인공지능이 인간의 지능을 따라잡는다고 발표했다. 다양하고 새로운 가치관이나 생각들을 인공지능이나 기계인간이 하게 되면서 이들은 의사결정에 참여하고 자원분배에 참여하게 된다. 이들이 시장경제에 뛰어든다면 다양한 주식관련 소프트웨어가 개발되어 인공지능을 가진 그들이 인간보다 정확히 예측하여 그들의 이득을 챙기는 순간이 올 수도 있지 않을까 염려한다.

싱가포르국립대학의 건축과 졸업반 전시회인 테시스 엑스 전시회에서는 지난 1세기 동안 활용했던 도시들이 우리 땅에 지대한 영향을 미쳤다고 표현했는데, 해수면 상승 현상, 식량과 주택 부족, 소비자 과소비, 에너지 요구 증가 등의 현상이 일어났다고 전망했다. 옥스포드대학교 과학혁신사회연구소의 '어두운 미래의 도시'에 대한 3개의 시나리오를 보자.

시나리오 1. 꿈의 도시

꿈의 도시 시나리오는 왜 '지금처럼'하는 것이 불가능한지를 알려준다.

미래를 바꾸고 변화시키고 좋은 것은 지속 가능하게 만들어야 한다. 20년 전 하이테크 미래를 본 대한민국은 변화와 변신을 거듭하면서 디지털경제와 산업혁신을 일으켜 다른 선진국처럼 잘살게 되었고, 한류열풍 등을 만들면서 드림 소사이어티, 꿈의 사회로 성공했다.

경험사회에서 부에 대한 배고픔은 부를 창출하는 욕구로 작용했다. 싱귤래리티대학에서는 기업인에게 가상 디지털 세상의 미래를 보여주며 전자센서가 모든 곳에 스며들고, 인간과 기계의 인터페이스가 일어나며, 인간의 마음과 근육이 바이오공학으로 연결되어 결국 인간의 정의를 다시 내려야 할 세상이 온다고 예측했다.

인간 주변의 모든 곳에 센서가 들어가고, 일본에서는 생각을 읽는 로봇이 나왔다. 미국의 국방연구소 다르파DARPA에서는 로봇자동차를 만들고 있고, 스마트 도로의 무인자동차는 운전대가 없는, 움직이는 거실이나 사무실이 될 것이며, 이들은 도로 기차와 연결되기도 한다고 예측한다.

2018년에는 인터넷이 현재 인간두뇌의 뇌신경망보다 1백만 배나 많은 신경연결망을 가지게 되며 5각을 가진다. 핸드폰에 들어가 있는 칩, 카메라, TV 등에 정중하게 포즈를 취하는 휴렛패커드의 야심작 센스프로젝트가 인공지능을 이용하면서 곧 지구촌을 센서로 엮는 네트워크 세상이 온다고 본다.

또한 2030년 정도에는 가정의 부엌에서 물건을 프린트해서 쓰는 홈 패브Home Fabbing인 3D 프린터가 나와서 음식도 프린트하고 모든 물건, 가구를 집에서 프린트할 수 있다고 한다.

시나리오 2. 사라지는 도시

사라지는 도시 시나리오를 쓴 패트릭 맥허란은 밀워키의 신문기자로 'GM 포드 등 자동차산업이 망하면서 디트로이트는 얼마나 심각하게 망하고 있는가?'라는 기고문을 썼다. 디트로이트는 2010년 여름에 3천여 개의 비어 있는 빌딩을 부수는 공사자금을 겨우 마련했는데, 현재 디트로이트에는 9만 개 이상의 빈 빌딩이 존재한다.

디트로이트 주택의 30% 정도가 이미 텅 비어 버렸다. 앞으로 20% 정도가 더 빌 수도 있다. 자동차산업이 문을 닫으면서 식당과 놀이시설을 포함한 모든 도시 서비스산업이 문을 닫고 있다. 디트로이트의 사람들은 디트로이트 탈출을 시도하고 있는데, 사망자까지도 탈출을 시도하고 있다. 이는 자식들이 다른 도시로 이동하면서 부모들의 무덤을 곧 텅 비게 될 도시로부터 자신들이 이사 가는 도시로 옮기고 있기 때문이다.

미국에서 가장 가난한 미시간의 도시 플린트는 정부가 개입해서 도시 전체를 허물고 자연으로 되돌리는 작업을 하고 있다. 도시가 생존하기 위해서는 지방정부가 40% 이상 도시의 모든 것인 일자리, 복지, 교육 등을 제공해야 한다. 전문가들은 현재 미국에는 이러한 러스트벨트Rust Belt로 50여 개의 도시가 있고, 이 도시들은 경제가 죽고 인구가 모두 탈출해버려서 소멸할 것이라고 말한다.

이런 도시들은 절반 정도의 빌딩을 허물고 도시농업을 하는 농촌으로 바꾸는 작업이 필요하다. 디트로이트, 필라델피아, 피츠버그, 볼티모어, 멤피스 등 50여 개 도시는 소멸할 것이라는 전망이다. 대한민국에서도 소멸될 도시들이 많을 것이라고 본다. 그 이유는 저출산으로, 미국의 출산율은 2.1명인데 비해 대한민국은 1.15명이다. 또 대한민국은 최단기간에 초고령화로 들어가는 국가로 고령화마저 심각하게 다가오고 있으므로 2015년 이후 소멸하는 도시가 수백 개가 될 수도 있다고 전망하고 있다.

소멸하는 도시들을 재생시키기 위한 디자인을 하는 사람들은 드웰 리버비아 디자인대회Dwell's Re-Burbia design에서 리사이클하고 재창조되는 도시 모델을 제시했다. 대중교통 수단을 늘리고, 도시와 교외로 나가는 도로 위에 집을 짓고, 네모난 큰 공장들을 도시농업 즉 그린하우스 농장으로 바꾸는 작업이다. 기업인들이 1인 가구로 살면서 일을 하도록 재택근무 주택을 공급하고, 지금까지는 모양만 내던 사무실이나 공장지대를 가정과 사무실을 병행할 수 있도록 재디자인하는 것이다. 맥맨션MacMansions등 큰 집들은 수질을 자체정화하고, 빗물을 저장하는 저수지나 습지를 유지하여 생태계를 만들어주는 일도 중요하다.

시나리오 3. 생존 가능한 도시

마지막으로 생존 가능한 도시형태가 있는데, 작은 것이 아름답다고 하듯이 조그맣고 센스 있게 기후변화에 적응할 수 있는 에너지생산 도시들을 만드는 것이다. 그것은 바로 자연을 그대로 보존하는 것이다. 미래의 도시는 에코시티로 발전하게 되며 도시농업이 부상하게 된다. 그린 디자인 홈이 뜨고 모든 것은 재활용되고 리사이클링된다. 예를 들어 부둣가에 컨테이너를 엮어서 아파트로 만든 곳이 있는데 이렇게 대학교 기숙사가 만들어졌다. 컨테이너를 여기저기 옮겨서 자신의 집이 위치하는 층을 바꿀 수도 있다. 미래사회는 접속하지도 소유하지도 않기 때문에 주택이 많이 남아돌고 도시와 농촌의 경계가 허물어질 것이다.

이 3가지 도시의 미래변화를 보면 가장 뚜렷이 보이는 것이 식량생산의 변화다. 도시와 농촌의 경계가 희미해지면서 도시농업이 부상하게 되고, 기온 급상승으로 먼 곳에서 도시로 채소를 운반하는 것이 불가능해지거나 돈이 너무 많이 들게 된다. 에너지를 생산하는 한 곳에서 독점하여 전국으로 보내지는 것이 아니라 곳곳에 작은 대체에너지 생산공장이 생겨 탈중심화가 일어난다.

식량생산에 사용되는 땅이 극히 소규모로 작아지는데, 땅이나 물이 사용되기보다는 배양육이나 배양채소 등이 나온다. MIT 학생들이 식품프린터를 만들었고 동물애호가 PETA는 맛있는 상업용 배양육을 대량생산할 수 있는 기술을 가진 팀에게 엑스 프라이즈로 백만 불을 준다. 네델란드, 노르웨이 등은 정부가 나서서 배양육을 생산할 준비를 하고 있다. 줄기세포를 배양하여 '동물 없는 고기'를 공장에서 대량생산하는 것이다.

이처럼 미래에는 모든 경계가 희미해지고, 모든 것이 변하고 전환하여 인간과 기계가 비슷하게 하나로 변할 것이다. 푹트리(살아있는 나무를 꼬아서 의자를 만들고, 의자 위로 나무가 계속 자라는 모습)를 만들거나 살아 있는 나무로 된 조각물을 만들고 벽면녹화, 옥상녹화, 수직농장, 가상 생태학 등이 부상할 것이다.

인간에게 최대의 도전은 석유의 고갈이 다가온다는 것인데, 에너지 인프라인 주유소를 바꾸는 데는 엄청난 비용이 든다. 이미 아주 작은 규모의 발전소를 짓고, 독일에서는 곳곳에 솔라 충전기가 서 있으며 인간의 동작으로 전기를 집적하는 기술이 나왔다. 담수화와 동시에 전기를 생산하는 기술도 나와 있다. 태양광을 저장하는 기술이 나오고 풍력이나 수소로 에너지를 만들 수 있는 기술도 있다.

보존 가능한 자연을 원하면 자연을 모방하는 자연모사기술이 있다. 자연모사는 부상하는 과학기술이다. 자연의 법칙을 따라 태양광으로 자동차가 달리고, 에너지가 필요하면 자연에서 만들 수 있다. 모든 것을 재활용하는 것이다. 또 지역마다 자신들의 통화를 만드는 지역통화가 부상하는데, 개인 소유가 아닌 지역사회의 소유로 만들어서 개인이 모든 것을 사야 한다는 기존의 개념을 바꾸고 있다.

미래사회는 모든 것을 프린트해서 쓴다. 미래사회는 모든 것이 연결된 네트워크사회가 된다. 미래사회는 모든 것의 경계가 사라진다. 조그마한 집 하나가 나라가 된다. 집에서 모든 것을 다 할 수 있고, 집을 나가지 않고도 살 수가 있다. 미래사회는 자연모사기술이 부상하여 가장 아름다운 것은 자연에서 오며 모든 것은 자연을 닮아갈 것이다.

미래사회를 표현하는 3단어, 연결 · 창조 · 소비

1. 연결CONNECT : 연결된 세상에서 어떤 예술, 어떤 사람, 어떤 장소, 어떤 물건들을 연결할 것인가를 고민해야 한다. 여기에 부상산업이 있다.

2. 창조CREATE : 인간에게 감동을 주고, 영향을 주어 창조를 이끌어내는 분야가 부상한다.
3. 소비CONSUME : 지구의 자원을 어떻게 잘 이용할 것인가가 화두다. 이것은 기후변화를 이야기하고 에너지산업을 이야기한다. 이 분야가 최대의 부상산업이 된다.

이렇게 하기 위해서 우리는 부상하는 이머징 이슈를 잘 관찰하고, 부상하는 문제점과 갈등을 잘 경험하고 탐구하여, 감이 잡힌 그 분야에 과감히 도전해야 한다.

7 대한민국 2020, 부상인가 하강인가

  미래석학들에게 대한민국 연구는 하나의 재미있는 관심사다. 이들은 '대한민국은 연구해볼 만한 가치가 있는 나라'라고 말한다. 호주의 80분의 1, 미국 텍사스 주의 8분의 1의 크기로 G20을 개최하는 다이내믹한 나라. 하지만 이 호감은 영원히 대한민국의 편에 있을까? 미래석학들은 절반은 그렇다, 그리고 절반은 아니라고 말한다. 이들 중에는 대한민국은 천연자원이 부족하고 인적자원이 전부인 나라이므로 2300년경에는 인구가 5만 명만 남는 인구소멸 가능국가 1호라고 걱정하는 사람도 있다. 반면 2025년에 GDP 1위를 할 중국과 가장 정서가 비슷한 나라이기 때문에 최대강국인 미국과 친한 영국과 호주가 2인자 노릇을 하듯 중국이 1등을 하면 대한민국은 2인자 노릇을 할 것이라고 주장하는 사람도 있다.

2010년을 맞이하여 세계의 미래석학들이 대한민국에 적극 관심을 두고 있다. 미래석학들은 선진국의 대열에 신참으로 참여한 대한민국의 미래를 긍정적으로 평가하며 대한민국의 미래 행보에 적극적인 조언을 아끼지 않고 있다.

새로운 기술에 대한 전략과 제도적 변화의 연구로 세계적으로 유명한 조지워싱턴대학의 윌리엄 할랄 교수, 친환경도시 설계의 선구자이며 에코시티Eco-City라는 어휘를 만들어낸 리처드 레지스터 에코시티 빌더즈 회장, 그리고 미래학연구의 학문적 체계를 만들어낸 하와이대학 미래학연구소장인 짐 데이토 박사가 유엔미래포럼과 세계기후변화종합상황실의 초청으로 대한민국을 방문하여 한경-유엔미래포럼 공동주최의 미래예측워크숍Future Insight Workshop에서 '기술혁신 미래예측'에 대해 토론했다.

윌리엄 할랄 교수는 '미래기술과 녹색경제'를 발표하며 대한민국이 당면하고 있는 녹색기술산업과 관련된 기술예측을 알려주었다. 그리고 리처드 레지스터 회장은 대한민국이 나아가야 할 길로 에코타운, 에코도시로 중국의 건설시장을 잡아야 한다고 주장했다. 또한 짐 데이토 박사는 '교육의 미래 2020-2030'을 발표하며 대한민국 교육개혁의 새로운 방향을 제시했다. 그는 대한민국은 인적자원밖에 없는 나라이므로 지금 교육개혁이 따르지 않으면 2020년에는 하강할 수밖에 없다고 말했다.

첨단 의료기술 발전의 로드맵을 만든 빌 할랄 교수는 2013년에 암을 치료하거나 당뇨를 체크할 수 있는 스마트 센서가 출시되면 260조 원의 미국시장(여기에 곱하기 3.7을 하면 세계시장)이 열리고, 2015년에 텔레메디슨 원격진료가 나오면 507조 원의 미국시장이 뜰 것이라고 보았다.

또한 2019년에 나올 맞춤 약제나 치료는 468조 원, 2021년에 나올 인조장기는 610조 원, 2024년에 올 암 정복은 507조 원, 2024년에 나올 유전자치료는 559조 원, 2026년에 나올 자신의 줄기세포로 장기를 만드는 기술은 481조 원, 2029년에 나올 아이의 눈이나 머리, 얼굴색, 체형 등을 바꿀 수 있는 유전자변형기술은 429조 원, 2035년에 나올 수명연장기술은 533조 원의 시장을 만들 것이라고 하였다. 그는 대한민국이 필요한 것은 바로 이런 기술예측전문가를 양성하는 길이라고 주장한다.

퓨처 포사이트 네트워크Future Foresight Network에서 최근 발표한 2030년에 가장 뜰 직종은 의료보건 분야다. 이러한 새로운 직종을 위한 교육이 없으면 대한민국 교육의 미래가 암울할 것이라는 전망이다.

퓨처 포사이트 네트워크 선정 2030년 인기 직업

1. 인간신체 제조회사Body Part Maker
2. 나노의사Nano-Medic
3. 유전자변형 농업축산 약사Pharmer of Genetically Engineered Crops and Livestock
4. 노화예방 매니저Old Age Wellness Manager/Consultant Specialists
5. 기억력 증강 내과의사Memory Augmentation Surgeon
6. 첨단과학관련 윤리 관리자New Science' Ethicist Space Pilots
7. 건축물 투어가이드Architechts and Tour Guides
8. 가상현실 농민Vertical Farmers

9. 기후변화대응 전문가 Climate Change Reversal Specialist

10. 질병검역 관리자 Quarantine Enforcer

11. 날씨변경 경찰관 Weather Modification Police

12. 가상현실 법률가 Virtual Lawyer

13. 아바타 매니저 Avatar Manager/Devotees-Virtual Teachers

14. 대체에너지 자동차 개발자 Alternative Vehicle Developers

15. 협송 Narrowcasters

16. 쓰레기 데이터 관리자 Waste Data Handler

17. 가상현실 조직자 Virtual Clutter Organizer

18. 타임 브로커, 시간 은행, 시간 교역가 Time Broker/Time Bank Trader

19. 소셜네트워킹 전문가 Social Networking Worker

20. 개인 브랜드 홍보전문가 Personal Branders

8
중산층, 상류층 위에 새로운 창조층이 뜬다

노무라종합 연구소가 '창조의 시대'가 온다고 말했듯이 이제 정말 창조하고 발명하는 시대가 왔다. 이는 프랑스 미래홈피 www.2100.net에서 40년 전에 예측한 것이지만 실제로 '창조의 사회'는 그들이 예측한 2060년보다 훨씬 빠른 10년 후쯤 올 것으로 보인다.

그 이유는 미국인들이 모든 제조업의 일자리와 화이트칼라의 일자리마저 빼앗겨 이를 대신할 창조적인 일자리를 대거 만드는 자구책을 구할 것이라 생각되기 때문이다. 이것이 저소득층, 중산층, 상류층 위에 창조층이 뜨는 이유다. 목마른 자가 우물을 파듯이 일자리 없는 미국인이 새로운 일자리를 만드는데, 다른 일자리는 없고 창의적인 아이디어로 돈을 버는 일만 남았다.

미국은 전문직마저 다른 나라 사람들에게 빼앗기면서 이제는 창조적인 일만 남았음을 인정한다. 그래서 창의성을 높이는 다양한 노력과 '창조력 키우기'를 위해 교육을 재구성하고 있다. 교육부터 창의적인 교육으로 바꾸자는 것이다. 기업들도 창의력 향상만이 살길임을 느끼면서 지식공장 재건을 시작했다.

미국은 제조업이 소멸하고 서비스산업마저 대거 인도나 중국으로 빼앗기게 되면서 창의적이고 혁신적인 인재나 일꾼 키우기에 전념하는 듯 보인다. 캘리포니아는 교육제도 재발명을 통해 예술과 문화 자산을 창조교육의 역할로 인식한다. 또한 반짝이는 아이디어를 가진 창의적인 사람들을 키워 다양한 특허나 발명, 새로운 상품과 서비스를 개발하는데 국운을 걸고 있다.

〈창조적 경제The Creative Economy〉의 저자인 존 호킨스는 이제 좋은 아이디어를 가진 사람이면 누구라도 돈을 벌 수 있다고 선언했다. 그가 말한 창조적인 산업에는 광고, 설계, 그래픽디자인, 영화, 작가, 화가 등이 있다. 또 리처드 플로리다는 3,800만 명의 창의적인 사람들이 미국에 살고 있다고 보았다.

이들이 종사하는 창조적인 직업은 기업인, 금융, 복지, 헬스케어 등이다. 앞으로 특히 복잡한 문제해결, 독립적이고 합리적인 사고, 창의적 사고, 의사소통 능력, 교육 및 인재개발 분야에 일하는 사람들을 창조층Creative Class이라고 부를 것이다.

아웃소싱, 오프쇼어 즉 해외로 밀려나가는 일자리를 인식하고 두려움에 떠는 미국인은 진정 창조층의 일자리가 교육, 인재개발, 문화 컨텐츠 등에 있는지 의아심을 가진다. 경제는 이제 글로벌 경제이며, 사회는 디지털시대다. 컴퓨터가 모든 산업을 뒤집어놓았고 사회마저 바꿔버렸다. 다가오는 디지털시대는 정보전달만이 아닌 지식의 시대, 교육의 시대다.

또 구글의 시대라고 해도 과언이 아니다. 지금은 수천 톤의 정보를 검색하면서 새로운 제품이나 서비스를 발명한 사람들이 부를 창출하게 되어 있다. 아주 새로운 무엇인가를 창조할 수 있는 능력을 가진 사람들이 부상하며, 이것을 창조의 시대 또는 창조와 발명의 시대라고 부른다.

사람들이 24시간, 일주일 내내 연결·접속되고, 초고속망은 창의발명의 시작에 불과하며 경제 발전뿐만 아니라 고품격 삶을 영위할 수 있게 해주는 신지식경제가 뜬다. 도시는 도시의 시민들에게 커뮤니티 주인의식을 심어주고 후손들을 지도자나 현명한 일꾼으로 만드는 노력을 하고 있다.

미래사회의 덕목은 똑똑하고 창의적인 인재들을 흡인하고 교육시키거나 자양분을 듬뿍 주고 그들이 창의적인 사고를 할 수 있도록 지속적인 지원과 격려를 해주는 것이다. 나머지 일자리는 제3국이 다 뺏어갔기 때문이다.

캘리포니아는 지난 10년을 창조의 시대라고 지칭하면서 다양한 노력을 하고 있다. 도시를 재건하고, 기술을 개발하고, 지역경제의 모든 부문을 변신시키고, 지역주민의 협동을 도모한다.

미래의 도시가 사람 없이 만들어지지는 않는다. 미래도시의 성공은 지역주민이 각자 도시의 운영주체가 되어야 하고 책임이나 짐을 함께 나눠야 한다. 시민 개개인이 각자의 목소리를 내고, 토론을 하고, 조직을 만드는 데 앞장서고, 각종 의사결정에 참여하여 자신들의 창의적인 목소리나 의견을 내어야지만 창의적인 도시가 될 수 있다.

미래에 가장 성공한 도시는 시민들 스스로 시민성과 창의성을 가지도록 지원하고 격려하는 도시다. 자유롭게 창의적인 의견을 제시하고, 행동하고, 경험하면서 도시 전체를 창의적으로 만들어야 창조층이 이사를 오게 되고,

이러한 군단이 모여 창조적인 도시를 만들어 제조업으로 잃어버린 일자리를 재창출하게 된다.

바야흐로 창조층이 돈만 많은 상류층보다 더 존경을 받는 시대가 올 것이다. 이 창조층은 창의적인 인재교육을 담당하는 사람들이 될 것이다. 이런 와중에 우리나라 교육계는 지금 무엇을 하고 있는가?

9
10년 후면 국회의원 보기 힘들어진다

최근 대한민국의 '촛불시위'를 연구한 외국의 미래학자는 대한민국이 신新직접민주주의의 생산지라고 말한다. 대한민국은 초고속망이 가장 많이 깔렸고, 핸드폰 문자메시지를 가장 많이 사용하며, 단일민족 단일 언어를 사용하기 때문에 의사소통이 순식간에 이뤄지는 장점이 있다. 이러한 군중행동이 손쉽게 이뤄지는 환경은 개개인의 파워가 늘어나는 미래사회의 신직접민주주의로 가는 동력이 된다는 것이다.

40년 전부터 미래학자들은 정보화시대가 오면 똑똑한 군중이 단지 간접민주주의에서 투표만 하는 개인으로 남아 있지는 않을 거라고 말했다. 그들은 똑똑한 국민이 자신들의 '불만'을 '표현'할 것이라 예측했다. 현재 소수의 계층이 누리는 권력 또한 다가오는 후기정보화시대인 인지기술시대에는 특정 계층이 아닌 개개인이 가진다고 하였다. 스스로 권력을 갖고 있는 똑똑한 개개인은 자신과 관련 있는 국가의사결정을 대의민주주의로 뽑은 의회의원들에게 고스란히 주지 않을 것이다.

인지기술시대에는 1인 시위, 1인 매체화, 1인 블로그, 1인 기업 등 1인 권력화가 되는데, 1인 권력화의 생산지 또한 대한민국이라고 한다. 그 예로 많은 이들에게 충격을 안겨준 최진실 자살사건을 살펴보자. 그녀를 죽음으로 내몰았던 것은 아무 권력도 없는 한 증권사 직원의 인터넷 댓글이었다. 댓글 하나가 인터넷을 통해 일파만파 퍼지면서 온갖 루머를 만들었고 눈덩이처럼 커져서 그녀를 자살에 이르게 한 것이다.

또 다른 예로 경제대통령으로 불리며 인기를 누렸던 미네르바의 경우를 보자. 미네르바는 평범한 일반인임에도 인터넷을 활용하여 자신의 의견을 펼쳤고, 많은 이들의 지지와 인기를 얻었다. 이렇듯 앞으로는 더 많은 국민이 이런 수단을 이용하고 1인 권력화할 것이다.

〈디지털 네이티브 Grown Up Digital〉의 저자인 돈 탭스콧 박사는 네티즌이 민주주의 2.0을 구가하고, 시민공무원들이 웹 기반으로 한 정보를 무료로 주면서 다양한 발의를 할 수 있도록 지원하게 되어, 민주주의가 새롭게 재탄생한다고 주장했다.

그는 "이미 캐나다와 영국에서 이런 현상이 일어나고 있는데, 네티즌이 정치화하면서 전통적인 투표권자로서의 역할에 만족하는 것이 아니라 그들 스스로 정부의 일을 대신하고 싶어 하며, 대통령이 하는 의사결정에 자신들이 참여하고 싶어 하고 대통령의 의사결정을 더 잘할 수 있도록 도우려고 한다."고 주장했다.

옛날에는 넓은 땅과 많은 인구에 의한 고비용, 저효율로 간접민주주의를 택했지만 이제 교통과 통신이 발달하여 오히려 간접민주주의가 고비용에 저효율인 것으로 드러나고 있다. 하지만 오늘날 직접민주주의는 일부를 제외하고는 거의 행해지지 않는다.

이제 직접민주주의의 요소인 국민투표제도, 국민소환제도, 국민발안제도 등으로 국가의사결정, 정책결정 등에 국민이 직접 참여하자는 요구는 피할 수 없는 미래사회변화다. 모든 국민이 컴퓨터를 가지고 있고 하루 일정 시간대에 일정 사이트에 접속해서 함께 국정을 의논하거나 투표를 실시해서 의결할 수 있다. 수만 명의 공무원이 담당하는 방대한 국가경영에 대해서 대의민주주의에 참여하는 소수의 국회의원들이 모든 것을 알 수는 없다. 또한 '나'보다는 집단지성인 '우리'가 더 똑똑하기 때문에 신직접민주주의가 부상하는 것이다.

특히 대한민국 국회처럼 국회가 제 역할을 못하는 상황에는 직접민주주의가 대안이다. 서구에서는 이미 신문이나 방송에서 정치부가 소멸했지만 우리나라에서 정치부는 아직도 힘 있는 부서로, 의무적으로 정치인들을 다루고 있다. 서구에서는 정치인의 뉴스가 나오면 나올수록 신문이 팔리지 않아 정치뉴스를 금기시하고 있다. 정치인들의 추태를 보면서 많은 국민이 짜증, 배신감, 허무감을 느껴 사회갈등, 국가에 대한 불평불만으로 이어지기 때문이다. 방송에서의 정치인의 돌발영상 등은 모든 정치인에 대한 국민의 허무주의나 정치인 증오에 큰 원인이 된다.

대의민주주의는 문제에 대한 전문적인 지식을 가진 대표들이 국가의 주요 정책을 결정하고 수행하게 되어 있으나, 국회의원은 국민의 의사를 그대로 전달하기보다는 자신의 의지로 행동하기 때문에 국민의 의사가 잘못 전달될 수 있다. 지역주민의 다양한 관심도와 가치관을 한 대표가 대변하기에는 불가능한 시대가 왔기 때문이다. 미래사회는 200명 정도의 대표보다 수많은 국민의 머리인 집단지성으로 국가의사결정을 할 수 있는 솔루션 소프트웨어가 만들어질 것이다.

의회가 힘을 잃고 있는 현상은 전 세계적인 현상이다. 의회정치는 과거 시간과 공간적 제약이 있던 산업사회에서 의회가 국민의 의견을 대변하고 갈등을 조정하기 위해 만들어진 간접민주주의 체제지만, 정보화사회에서는 시간과 공간의 제약이 사라져 어떤 문제가 터지면 순식간에 전국적인 이슈가 된다. 즉, 직접민주주의 요소인 스마트몹스 Smart Mobs 행동이 핸드폰, 문자메시지, 인터넷으로 가능해져 의회를 제치고 국민이 정부와 직접 소통하게 된 것이다.

의회정치가 작동을 하지 않은 대표적 예가 2008년 촛불시위다. 당시 국민은 행정부와 직접 대화를 하려 했고, 국회가 아닌 광화문으로 모였다. 광화문에서 청와대로 행진하여 직접 소통하려 했던 것이다.

의회는 이제 국민의 대표성을 잃었고, 현재의 시스템으로는 사회갈등을 해결하지 못한다. 국민이 의회를 제치는 현상은 그 어떤 정당도 지지하지 않는 무당층의 증가를 봐도 알 수 있다. 2008년 무당층의 지지율은 60%를 넘어섰다. 그러므로 의회는 국회가 갖는 권리의 상당 부분을 국민에게 돌려주고, 국민발안, 국민소환, 옴브즈만 제도 등 신직접민주주의로 갈 수밖에 없다고 미래학자는 진단한다.

수시로 국민투표를 실시하고 있는 스위스는 정치권에서 합의되지 않는

안건에 대해서도 한 달 동안 토론하고 국민이 직접 투표를 하는데, 전자 투표와 모바일 투표가 법제화되어 가고 있다. 유럽에서는 2000년대 들어 정보화사회로 변모하고 있다는 판단 아래 직접민주주의 확산을 위해 국민 참여를 당연시하고 있다.

세계적으로 신직접민주주의가 떠오르고 있다. 1991년 이후 시민발의와 국민투표 실시 건수는 그 이전 100여 년의 기간보다 두 배 이상 늘고 있다. 의제는 다양해지고 범위는 넓어지고 있다. 캐나다, 영국, 스위스, 미국을 비롯하여 유럽과 남미 등으로 확산되고 있다.

우리가 세계적인 흐름과 추세로 눈을 돌리면 직접민주주의는 이상주의자들의 꿈이 아니라 세계적 차원에서 성장하고 있는 민주주의의 현실이다. 시민발의와 국민투표라는 직접민주주의의 수단을 통해 시민들이 입법안을 제안하고 법안, 헌법 등의 승인이나 거부를 위해 찬반투표를 진행하는 신직접민주주의는 고대 그리스의 직접민주주의가 시작된 이래 거부할 수 없이 다가오는 미래사회의 모습이 되고 있다.

앞으로 10년 이후 후기정보화사회에는 국회의원들을 보기가 힘들어질 수도 있다. 그나마 남아 있는 국회의원도 국민을 위한 자원봉사자여서 얼굴을 드러낼 시간이 없어질 것이다.

10
2020년, 정보화사회 지고 신농업사회 뜬다

　세계적인 석학인 짐 데이토 박사는 앨빈 토플러를 미래학으로 끌어들인 장본인으로 40년간 미래학을 연구해왔다. 1967년 버지니아공대에서 공식적으로 첫 미래학 과목을 개설했고, 1971년 하와이 주정부에서 하와이대 정치학과에 미래학 연구소를 세울 때부터 연구소장이었다. 이 연구소는 1970년 '하와이 2000'이라는 시민 주도의 미래예측작업을 실천했다. 그는 1980~1990년대에 세계미래학회 회장직을 수행했고, 30여 개국의 미래학자들과 시민과 미래에 대한 희망과 두려움에 대해 이야기를 나눌 기회를 가졌다. 대한민국은 물론 북한에도 간 적이 있다.
　그의 강의는 "미래학자는 미래를 예측할 수 없다."는 말과 함께 시작한다. 사실 그 누구도 미래는 예측할 수 없다. 예측이란 미래에 대한 진실하고도 정확한 진술이다. 한때 우리는 예측이 가능한 시대에 살았다. 농경시대, 산업시대가 그랬다. 그러나 지금은 아니다. 미래학자가 할 수 있고 또 해야 하는 것은 미래에 대한 대안을 예측하는 것이다.

예측은 미래에 대한 논리적이고 유용한 진술이다. 따라서 미래학자들은 미래란 복수이며, 대안이 있으며, 미래학이 '우리가 선호하는 미래'를 창조하도록 도와준다고 생각한다. '선호하는 미래'는 '유토피아'가 아니다. 유토피아란 '존재하지 않는 곳'이란 의미이며 따라서 불가능한 사회이다.

미래에 관한 것들은 대부분 새로운 것으로 우리가 듣지도 생각지도 못한 것들이다. 따라서 처음 들었을 때 대부분 어리석고, 신성모독적이고, 비애국적이고, 우스꽝스럽게 들린다. 물론 우스운 생각이 모두 쓸모 있는 것은 아니다. 어떤 것은 정말 엉터리 같다. 쓸모없는 우스운 생각 중에서 쓸모 있는 생각을 구별해내는 것은 어려운 일이며 가끔 틀릴 수도 있다.

그러나 우리는 열린 마음으로 미래의 새로운 것을 받아들여야 한다. 대한민국의 교육제도는 독일, 일본, 미국에서 받아들인 것으로 대한민국을 농경국가에서 산업국가로 변환시키는 것이 목적이었다. 독일, 일본, 미국, 대한민국은 농부와 귀족의 국가에서 노동자와 경영자의 국가로의 변화를 꿈꿨다. 그것이야말로 19세기 중반부터 현재까지 근대적 학교와 대학제도의 모든 것이었다.

그리고 그 임무는 완수되었다. 독일, 일본, 미국은 더 이상 농경사회가 아니다. 그렇다고 완전한 '산업사회'도 아니다. 공장이나 공장과 관련된 일을 하는 사람은 아주 극소수다. 일본과 미국은 확실히 '후기산업사회'인 '정보화사회'이며 대부분의 사람이 의사, 변호사, 교사, 전문언론인, 배우이거나 웨이터, 세일즈맨, 수위 등과 같은 '서비스산업'에 종사한다. 대한민국도 확실하고도 급격하게 정보화사회에 와 있다. 그러면 다음 단계는 무엇일까?

미래에는 생존사회, 절약사회가 온다. 머지않은 미래에는 현재의 모든 산업과 정보사회가 멸망하고 신농업사회 또는 생존사회가 출현할 것이다. 우리가 꿈의 사회에 대한 준비가 덜 되어 있다면, 생존사회에 대한 준비는 더 부족하다. 인구의 증가는 지구에 사는 모든 생명의 생존 그 자체에 대한 중대한 위협으로 남아 있다.

그러나 대한민국을 비롯하여 기타 아시아 국가, 유럽, 북아메리카에서는 도리어 인구의 감소가 인구증가와 똑같은 정도의 위협으로 다가오고 있다. 지난 50년간 대한민국의 모든 것은 인구증가에 초점이 맞추어져 왔는데, 이제는 거의 모든 것이 인구감소의 새로운 현실에 맞게 변해야 한다. 정말 큰 문제가 아닐 수 없다.

짐 데이토의 미래사회 메가트렌드

대한민국을 비롯한 세계의 인구는 1970년대에 비해 크게 증가했다. 1970년대의 대한민국 국민은 대개 농촌에 살았으나 지금은 대부분 복잡한 도시에 살고 있으며, 이들을 수용할 주택 문제가 심각하다. 지구상에 존재하는 석유 총량의 절반은 지난 100년간 소비되었으며 이제는 값싸고 풍부한 에너지원이 없다.

석유를 이른 시일 내에 효율적으로 대체할 만한 에너지원이 없고, 이미 심각한 수준의 환경오염을 더 악화시키는 석탄이나 핵분열 물질도 충분치 않다. 한동안 대체에너지는 없다. 빠른 속도로 고갈되는 석유를 대체할 다른 에너지원이 없어 새로운 에너지원이 나타날 때까지 얼마나 오래갈지 모르는 간격이 생긴다. 기후변화는 실제적이며 심각한 상태인데 각 국가가 대응책을 펴는데 주저하는 관계로 추후에 대처할 때 더 큰 시간과 재력과 노력이 따르게 되고 선택할 수 있는 방도가 줄어들고 있다.

 1970년대에는 식량 부족에 대해 크게 우려했는데 그간 유전자조작 작물에 의한 녹색혁명과 널리 채택되고 있는 농업산업화에 의해 기아 현상의 도래를 몇십 년 후로 연기시켰으며 간혹 잉여식품 현상도 있었다. 그러나 지금 다시 기아의 공포가 확산되고 있는데 그 이유는 농업이 석유에 크게 의존하기 때문이다. 사실 우리는 석유를 먹고 있다고도 할 수 있는 실정이다. 거기에 석유생산량이 감소하면서 석유가격이 비싸지고 있어 세계적인 식량 부족이 우려된다.

 먹는 물도 마찬가지로 오염되어 구하기 힘들어지고 있는 실정이다. 생명 유지에 필수조건인 맑은 물과 공기가 점점 귀해지는 것이다. 또 지난 19~20세기에 많은 재래 질병을 퇴치하면서 남용된 항생제와 지구온난화에 따른 해수면 상승 등에 따라 에이즈, 에볼라, 조류독감과 같은 질병이 창궐하기 시작했다. 핵, 생물, 우주전쟁의 위협 또한 다가온다. 대부분의 전쟁이 테러리스트나 작은 지역분쟁으로 예상되고 있으나 핵을 보유한 국가가 늘어남에 따라 핵전쟁의 위험은 증가했고, 생물전쟁은 가능성에 그치고 있으나 엄청난 재난의 위험을 안고 있다. 또한 우주를 무기화하는 추세로 가고 있다.

 1970년대에는 산업사회의 측면이 강하여 1차나 2차 자원의 발굴을 통한 공업생산을 위주로 농어민, 광부, 공장근로자가 주요 소비자였다. 신용카드도 귀했으며 화이트칼라층이 빚을 사용하여 재치 있게 광고되는 소비재를 사들이려면 몇십 년이 지나야만 했다. 1980년대부터 2008년의 파국에 이르기까지 경제성장의 견인차는 생산자가 아니라 소비자였는데 미국, 유럽, 대한민국과 같은 나라에서는 빌려온 돈으로 수입품을 사들이는 지경에 이르렀다. 설상가상으로 금융기관들은 복잡하고 교묘한 신용상품으로 소비자를 현혹하여 파국에 이르게 되었다.

인간은 더 영리해졌다. 이제는 더 많은 사람이 교육을 받고 전 지구적인 개념을 가지고 있다. 인간이야말로 '궁극적 자원'으로 특히 젊은 세대는 미래의 도전을 적극적으로 수용하고 있다. 그들은 소비사회의 대안을 찾으려 하고 있으며 따라서 이러한 변화에 적응하지 못하는 기성세대는 자리를 물려주어야 한다. 1970년대부터 상당한 수준의 지속성 모델이 존재했고 그 후 계속 발전되어 왔으며 지속성에 대한 관심이 높아졌다.

진보와 보수로 대변되는 구舊이념은 종말을 맞았다. 1970년대는 '냉전'으로 소련과 미국이라는 두 개의 군사력을 바탕으로 하는 세력들이 계속적인 성장만을 추구해왔다. 비효율적이고 독재적인 공산세계는 혼란스럽고 부채를 짊어진 자유세계주의사회가 무너지기 20년 전에 붕괴되었다. 이제 젊은 세대는 공산관료, 금융귀재 또는 장군이 되려 하는 대신 합리적인 보존사회의 창조에 더 관심을 기울이고 있다

아시아와 이슬람의 흥성과 유럽과 미국의 쇠락이 온다. 지난 세계적인 경제개발시대와 인구의 변화는 동아시아, 동남아시아, 남아시아가 세계의 전면에 나서는 계기를 만들었으며 유럽과 미국은 특히 인구 면에서 상대적으

로 뒤떨어졌다. 서구문화가 과거 200년간 거의 독보적으로 지배한 것과 같은 문화는 앞으로 200년간 생겨나지 않을 것으로 예측된다. 문화의 교차가 새로운 사상을 낳고 미래의 도전을 받아들일 것으로 기대된다.

정보혁명이 왔다. 보다 강력하고 정교한 통신기술이야말로 1970년과 2010년을 크게 갈라놓고 있다. 1970년대의 하이테크는 진공관 텔레비전과 거창한 크기의 컴퓨터였고 데스크톱, 랩탑, 모바일폰, 인터넷, 구글, 유투브, 위키피디아가 존재하지 않았다.

로봇과 인공지능의 괄목할 만한 발전은 특히 중요하다. 바이오 혁명도 온다. 생물학을 기술에 이용한다는 생각은 1970년대에는 미친 짓이었으나 이제는 에너지, 재료, 식량, 통신과 인간파워시대의 중요한 요소로 등장하고 있다. 로봇, 인공지능, 인조생명, 유전자공학, 신소재, 나노기술, 우주탐사와 그에 관련된 기술이 융합하여 풍부하고 여가로 가득 찬 싱귤래리티 세상을 열 것이라고 예측된다. 이러한 기술과 낙관성은 보존사회의 대안을 꿈꾸는 사람에게도 적용되어야 한다.

짐 데이토의 기후변화와 미래 대안, 절약사회가 온다!

짐 데이토 박사의 절약사회 Conserver Society 는 기업활동이나 생산을 부정하거나 소비를 줄이자는 이야기가 아니라 오히려 기업에 이득이 되는 제안이다. 반反기업이나 저탄소에 대한 제안은 노동자와 기업주가 공동이익을 얻을 수 있는 법이어야 한다.

1. 모든 제품의 포장 없애기

생산에서 쓰레기를 줄이는 일, 소비에서 쓰레기를 줄이는 일이 포장기술로 해결될 수 있다. 포장을 크게 하여 눈을 속이는 행위 등을 감독하고, 포장 쓰레기도 제품생산자가 수거하거나 수거비용을 제품비용에 추가하여, 국민에게 포장비용을 알리면 국민은 포장비용이 없는 물건을 선호하게 되면서 포장이 작고 효율적으로 바뀐다.

큰 포장에는 세금을 물리거나 리사이클링 수거비용을 포함시켜야 한다. 또 포장 쓰레기는 쓰레기 재활용산업에서는 자원이 되므로 이를 잘 활용하는 제도나 시스템이 만들어져야 한다.

2. 미래는 소유보다 렌트의 시대

현존하는 빌딩을 함께 사용하거나 자동차나 복사기 등 모든 컴퓨터기기를 렌트Rent하거나 함께 사용하여 새로운 기기나 물품을 자꾸 살 필요가 없게 되면 쓰레기를 줄일 수 있다. 빈곤, 부유계층이 같은 건물, 같은 물건을 렌트하거나 함께 나눠 사용하면서 통합사회를 만들 수 있고 계층 간의 갈등을 해소할 수 있다.

주택보다는 아파트에 모여서 살고 지역사회가 소유하는 물건이나 집들이 많아져야 한다. 또한 렌트를 하는 물건이나 장소 등이 공공지식으로 알려져서 많은 사람이 렌트할 수 있고, 교통혼잡을 피할 수 있는 대안을 공공정보로 알려주어 공회전이나 길에서 뿌리는 석유 값이 줄어들도록 해야 한다. 렌트할 경우 자신의 소유가 아니라서 쉽게 망가뜨리는 부분도 교육으로 해결해나가야 한다.

3. 저녁에 출근해 빌딩을 24시간 가동하는 시스템

시간허비는 자원허비다. 러시아워, 교통체증뿐만 아니라 시내 중심가의 빌딩이 저녁이나 주말에 텅 빈다는 것도 자원허비다. 모든 기업이 오전 9시부터 오후 5시까지 근무를 하는 것도 자원허비다. 미래사회에는 시간 개념이 흐려질 것이다. 실제로 밤에 일하는 것을 좋아하는 사람이 많다. 그러므로 밤과 낮 근무를 따로 만들면 건물을 적게 차지하거나 사무실이 적어도 된다. 또 낮에 근무하는 기업의 사무실을 밤에 근무하는 기업이 사용하도록 하여 24시간 풀가동을 시킬 경우, 사무실을 더 이상 많이 짓지 않아도 된다. 특히 재택근무, 스마트 오피스 개념으로 사무실에서의 난방, 운행, 출퇴근 비용을 절반으로 줄이는 정책이 과감하게 도입되어야 한다.

4. 쓰레기제로, 환경오염제로, 에너지제로

기술 발전으로 인간과 자연환경의 관계는 갈등관계가 될 수도 있다. 쓰레기제로zero와 환경오염제로zero, 쓰다가 다 쓰지 않고 버리는 물건을 없애야 한다. 이런 일이 쉽지는 않겠지만 그것을 목표로 삼아야 한다. 신기술, 하이테크기기가 더 좋은 성능을 갖게 되면 이러한 문제들은 해결이 될 것이며 특히 저탄소 디자인 전문가가 많이 나와야 한다.

5. 제품 값에 포함된 쓰레기 수거비용

모든 제품의 가격에는 포장비용, 홍보비용이 들어가는데 여기에 사용 후 수거비용을 포함시키고 기업은 자신이 생산한 제품의 쓰레기를 수거할 의무를 갖게 만들어야 한다. 제품을 사용하면서 즐거움을 얻은 사람들이 전체 가격, 쓰레기 수거 값을 내는 것은 당연하다고 생각하게 만들어야 한다.

지구촌의 자원을 소비하는 제품들은 세금으로써 자원활용 비용을 내게 하고, 그 돈은 저탄소 절약사회를 만드는 교육비용으로 사용해야 한다. 현재 환경오염 비용, 환경파괴 비용, 자원소멸 비용, 리사이클링 비용 등이 제품가격에 포함되지 않고 있는데 이를 포함시켜야 저탄소사회로 나아갈 수 있다.

6. 리사이클링, 신재생에너지 및 신기술

에너지를 절약하기 위해서는 리사이클링해야 하고, 신재생에너지를 찾아야 한다. 또한 나노기술로 탄소나노튜브를 만들어 산유국에 한전을 짓고, 원유를 산유국에서 전 세계로 실어가는 과정 없이 전력을 곧바로 각 나라에 보내야 한다. 즉 원유를 수입, 정유, 운반하여 주유소에서 파는 것이 아니라 전기가 산유국에서 각 가정으로 바로 전송되는 방법 등을 개발해야 한다. 또 새로운 형태의 모든 제품을 패키징하는 방법으로 패키지나 포장으로 인한 쓰레기 양산을 불법화하고, 마케팅, 홍보에서 절약사회의 인식을 굳건히 심어줘야 한다.

정부는 기업이 쓰레기를 양산하지 않도록 포장을 가장 간단히 하는 것과 독점기업에서 가격을 높이 책정하는 것을 지도하고, 홍보 분야에서 비용을 적게 사용하여 제품 값을 낮추도록 종용해야 저탄소사회가 된다는 것을 인지해야 한다. 지구촌의 자원은 한정되어 있음을 학교에서나 사회에서 교육과정으로 국민에게 주지시키는 역할도 정부의 몫이다.

정부는 또 개개인의 자유와 안전을 위하고 저소득층이나 마이너리티를 위한 아낌없는 배려로 사회갈등을 없애야 한다. 그래야만 모든 기업이나 사회비용이 줄어 저탄소 절약사회로 갈 수 있다. 그러기 위해 정부는 가장 효율적으로 가장 성능과 효과가 높은 기업을 지원하고, 도덕적 사회적인 기업의 지원을 늘려야 할 것이다.

11
세계미래회의 10년 후 메가트렌드 발표

2010년 1월 세계미래회의의 기관지인 〈퓨처리스트〉는 앞으로 10년 후 메가트렌드인 교통, 에너지, 기아, 건강 분야의 대안을 발표했다.

1. 교통

산업 분야에서 자동차의 활용 없이는 살아갈 수 없는 세상이다. 미국은 하루에 2,100만 배럴의 기름을 소비한다. 미국인구조사국은 최근 280만 명이 매일 '극심한 출근 전쟁'을 겪고 있다고 발표했다. 텍사스 교통당국은 교통체증 때문에 매년 23억 갤런의 기름이 미국에서 낭비된다고 밝혔다.

해결방안 1. 교통로봇

교통에 활용될 로봇으로 미군이 아프가니스탄에서 사용하는 기술이 적용된 로봇이다. 인간보다 안전하고 빠르게 물건을 운송한다. 로봇으로 하여금 도로 이외의 방법으로 운송하게 하고, 인간만이 도로를 자유롭게 사용하도록 할 목적이다.

미군은 빠른 시일에 이 기술을 화물운송과 주유에 도입할 것을 희망한다. MIT 인간과 자동화 연구소 소장인 미시 커밍스에 의하면 이것은 실제로 매우 현실적인 바람이다. 원격으로 조종되는 로봇들이 적들을 향해 돌진하는 모습을 상상해보라. 커밍스는 '몇몇의' 미국 기관들이 선제공격이나 다른 공격을 무인 차량이나 무인 항공기로 실행하는 것을 심각하게 고려하고 있다고 밝혔다.

예전 노르망디 상륙 작전과 비슷한 상황이 발생할 수도 있는데, 물론 인간의 피해는 훨씬 적을 것이다. 무인기 침략 작전 시나리오는 이러하다. '선제공격을 무인기가 하고, 로봇이 해변에서 발포를 한다. 다음으로 해병들이 투입된다.' 이렇게 로봇이 작전에 투입될 정도의 기술이라면, 우리의 화물과 다른 물건들을 자동으로 운송할 날도 멀지 않았을 것이다.

해결방안 2. 압축공기엔진 차량

스코틀랜드의 댈하우지대학의 공대 학생들이 한 실험에서 공기-동력의 고카트Go-Karts 차량이 쌩하고 지나간다. 이들은 쉘과 유럽의 공기-동력 컨셉 자동차협회에서 후원을 받았다. 이 프로젝트는 압축된 공기엔진을 만들어 자동차의 동력으로 삼는 것이다. 관건은 가스 배출 없이 터빈에 힘을 가하는 것이다. 비록 고카트가 200마일의 속도를 낼 수 있었지만, 공기가 금세 없어지는 등 아직 보완할 점이 많다.

해결방안 3. 텔레포테이션, 원격물체순간이동

인간이 순간이동을 하는 것은 절대로 현실적이지 못할 뿐더러 안전하지도 않다. 하지만 간단한 물건은 가능하다고 보고 있다. 미국방위고등연구계획국은 충분히 가능하다고 말한다. 이 기관은 양자얽힘이라는 과학에 대한 정보를 요청 중이다. 양자얽힘과학기술QUEST이라는 프로젝트는 상상할 수조차 없는 빠른 컴퓨터나 영화 〈스타 트렉〉의 순간이동기계를 만드는 것을 목표로 하고 있다.

양자기계학에서는 핵 주위를 도는 일렉트론과 같은 입자의 구체적인 위치나 상태가 없다고 한다. 이것에 관해서 유일하게 언급할 수 있는 것은 이것이 무작위로 진동하는 어디선가 나타난 무더기의 방정식이라는 것뿐이다. 실제로 이 입자는 관찰되어질 때만 '붕괴되어' 하나로 변해버린다.

호주연구협의회Australian Research Council, ARC 의 애슈턴 브래들리와 그의 동료들은 원자를 순간이동시키는 것이 가능하다고 말했다. 이를 보여주기 위해 호주 연구원들은 보스-아인슈타인 응축BEC을 만들었다. BEC는 보스입자가 매우 낮을 때 나타나는 물질로 순간적으로 접촉하는 입자를 냉각시킨다. 연구원들이 응축된 루비듐 원자에 레이저를 쏘자 원자는 순간적으로 냉각되었다. 레이저에 노출된 원자는 가장 낮은 상태로 변했고, 다른 어떤 에너지도 받지 않았다. 하지만 신기하게도 그 레이저에는 원자를 다시 생산하는데 필요한 정보가 들어 있었다.

이들은 다른 BEC를 다른 원자에 실험했고, 레이저에는 본래의 원자에 필요한 정보가 들어 있었다. 실제로 처음의 원자는 없어졌다가 정보를 받으면서 재구성되었다. 아직 무언가를 순간이동시키기에는 풀어야 할 과제가 많다. 하지만 몇십 년 후, DNA와 같은 간단한 분자를 이동시키는 것은 충분히 가능해보인다.

2. 에너지

전 세계적으로 에너지에 관한 수요는 급격하게 늘어날 것이다. 전문가들은 에너지 수요가 2002년에서 2030년 사이에 60% 증가하여 5,680억 불의 투자가 매년 불가피할 것으로 본다. 개발도상국들은 부족한 석유공급으로 인해 더욱 힘들어질 것이며, 선진국도 이 문제를 피할 수 없을 것으로 예상된다. 석유 대안에너지는 세계적으로 17%를 차지하고 있으며 2020년에는 30%를 차지할 것으로 보인다.

해결방안 1. 압전체 Piezoelectrics

MIT건축대학의 학생들이 관중에게서 에너지를 잡아 전기로 변환하는 시도를 했다. 즉 이 실험은 인간의 몸에서 나오는 에너지를 이용하는 실험이었다. 제임스 그레이엄과 새디어스 주치크는 그들의 프로젝트를 '군중농장'이라 일컫는다. 이들은 사람들이 밟을 때마다 조금씩 눌리는 바닥블록을 설치했는데, 이 디자인은 눌림을 에너지로 변환한다. '군중농장'은 그리 많은 에너지를 생산하지는 못했지만 이 방식이 미래에 큰 도움을 줄 것은 분명하다. 환경에너지인 우리 주변의 진동은 나노크기의 장치에 큰 영향을 준다. 작은 장치들을 움직이는 데는 동력원이 필요하다. 하지만 배터리는 크기가 크고 언젠가는 소모된다는 점 때문에 현재는 진동에서 에너지를 섭취할 수 있는 아연을 사용한다.

해결방안 2. 유전자변형된 염생식물, 알지Algae

 NASA 연구소 총책임자인 데니스 부시넬은 해초류와 박테리아는 21세기의 가장 중요한 생물연료라고 밝혔다. 석유의 대안으로 염생식물은 매우 현실적이다. 첫 번째로 풍부한 자원이고, 두 번째로 세계의 이산화탄소 배출량을 대거 줄일 수 있다. 옥수수와 설탕과는 달리 염생식물은 바닷물의 염분을 섭취하기 때문에 먹이경쟁을 하지 않는다. 사하라와 같은 사막의 땅에선 염생식물이 배럴당 70달러인 석유보다 조금 더 저렴하다. 사막이기 때문에 햇빛을 많이 받는다. 농부들은 태양열을 이용해 물을 끌어올리고, 나아가 대수층을 발견해 이보다 더 악화된 지역에 좋은 영향을 준다. 이를 통해 황무지인 땅들이 되살아난다. 염생식물을 올바르게 재배하면 물 부족과 식량 부족 문제에 큰 도움이 된다. 농작에 사용되는 68%의 담수를 식수로 사용할 수 있고, 무엇보다도 염생식물을 키우는 데는 넓은 땅이 필요없다.

해결방안 3. 조력

 멕시코 만류와 같이 조력발전기를 사용해 에너지를 제공하면 플로리다와 같이 궁핍한 주에 큰 도움이 될 것이다. 10년 후, 플로리다의 에너지 사용량은 30% 정도 증가하는데 이를 해결하기 위해 플로리다의 연구자들은 멕시코 만류를 조사하는 데에 5백만 달러를 받았다. 멕시코 만류는 미시시피 강보다 약 1,000배 강하게 흐른다.

3. 기아

기아에 시달리는 인구가 약 10억 명 정도 된다. 지구상 인구의 6분의 1이다. 2009년, 유엔식량농업기구Food and Agriculture Organization, FAO에 의하면 미국에서도 2007년에는 많은 성인과 어린이들이 굶주렸다고 밝혔다. 40년 후에 지구의 인구는 25억 명이 증가하는데 대부분의 사람들은 굶주림이 난무하는 지역에서 태어날 가능성이 높다.

전 세계적으로 3분의 2의 인구가 물 부족 현상을 겪고 있다. 이것은 2030년도가 되면 굶주림에 매우 큰 영향을 줄 것이다. 심각한 물 부족 현상을 겪고 있는 아프리카인들은 약 2억 명 정도인데 이 숫자는 2025년에는 2억 3천 명으로 증가할 것으로 보인다. 아프리카의 물 부족을 극복하는 것은 유엔환경프로그램UNEP의 큰 과제이다.

해결방안 1. 알약 음식

미래엔 음식을 대체할 알약이 나올 것으로 보도된다. 전문가들은 그것이 단순한 화학 구성물이 아닐 것이라고 한다. 음식을 대체할 조그마한 크기의 알약은 매우 복잡하다. 요구되는 것이 많기 때문이다. 미래예측학자들에 의하면 실행 가능성이 가장 높은 방법은 나노로봇 음식 대체 시스템이다. 나노의학품 시리즈의 작가인 로버트 프레이타스 박사와 분자제조협회의 동료가 〈퓨처리스트〉의 편집 차장인 패트릭 터커와 이야기했다.

프레이타스 박사가 쓴 책과 글에는 알약 음식과 같은 잠재적인 음식대체 기술에 관해 저술되어 있다. 단지 약품이나 영양가를 섭취하는 것이 아닌 수천 개의 나노로봇을 함유하는 기술이다. 이들은 알약에 들어가게끔 매우 작은 크기로 제작되며 로봇이라고 해서 굳이 '쇠'로 만들어지는 것도 아니다. 이 나노로봇은 매우 복잡한 구조로 만들어진다.

프레이타스 박사의 방법은 원자력을 동력으로 하는 나노로봇이다. 인간이 음식을 섭취하는 이유는 걷거나, 숨을 쉬는 등의 에너지를 소비하기 때문이다. 동위원소인 가돌리늄을 섭취하면 더욱 많은 에너지를 섭취할 수 있다. 물론 화학약품만 섭취하면서 건강하길 바랄 수는 없다. 나노로봇을 통해 가돌리늄을 섭취하면 나노로봇은 인간의 몸이 이 원소를 안전하고 확실하게 섭취할 수 있게끔 도와준다. 프레이타스 박사에 따르면 등위 가돌리늄 원소는 75년 동안 효력을 발휘한다. 그는 미래에는 한 끼를 먹고 100살을 살 수 있을 것이라 주장한다.

먹는 것을 좋아하고, 그 음식이 몸에 영향을 미치는 것을 싫어하는 사람들에게는 다른 나노로봇이 있다. 몸속에서 대기하고 있는 '영양로봇'이 그것이다. 살이 많이 찌는 스테이크를 먹는다고 가정해보자. 몸속의 나노로봇은 스테이크를 먹은 사람이 섭취하기 싫어하는 성분이 몸에 섭취되는 것을 막고 있다가 화장실에서 배출하게 할 것이다. 프레이타스 박사는 나노로봇을 'lipovore'라고 칭하며 이것을 미세한 성형수술이라고 말한다.

해결방안 2. 발전된 디자인

깨끗한 물을 아프리카에서 찾는다는 것은 큰 과제이다. 물을 구하기 위해 먼 거리를 걸어야 하는데, 물이 있는 곳까지 힘들게 걸어갔다고 해도 한 사람당 들고 올 수 있는 양은 기껏해야 25리터 정도이다. 하지만 트레버 필드라는 발명가가 아이들의 놀이기구로 이 문제를 해결하고 있다. 그가 발명한 플레이 펌프The Play-Pump는 단순한 회전목마가 아니다.

플레이 펌프는 어린 아이들의 놀이기구로 만들어졌을 뿐만 아니라 100미터 이하의 물을 끌어올리는 역할을 한다. 보통 인간은 하루에 약 4리터의 물을 섭취해야 한다. 이 플레이 펌프는 아이들이 즐겁게 노는 동안 시간당 1,400리터의 물을 생산한다. 필드는 현재 700개의 펌프를 설치했다면서 이렇게 말했다.

"이 기구가 1,000명에서 2,000명의 사람들에게 도움이 되길 바랍니다. 요하네스버그에서 40마일 떨어진 어느 마을엔 500명의 아이들이 있는데, 그들은 물을 가져오기 위해서 먼 거리의 길을 걸어야 합니다. 우리는 그곳에 몇 년 전에 플레이 펌프를 설치했습니다."

플레이 펌프는 유일하게 디자인으로 물 부족을 극복한 사례이다. 비싼 옷들과 자동차에만 디자인이 필요한 것이 아니다. 전 세계적으로 창의적인 사람들이 가난에 맞서 디자인을 고안하고 있다. 더 나은 식품 저장을 위한 냄비, 수백 파운드를 실을 수 있는 변형된 자전거, 건조한 시기 때 사용하는 일반 펌프 등등. 이것들은 90%의 사람들이 겪고 있는 문제에 큰 도움이 되는 발명품이다.

음식, 식수, 잠자리, 건강, 에너지, 교통, 교육에 도움을 주는 '나머지 90%

를 위한 발명'은 자연재해나 가난에 맞선 사람들에게 초점을 둔다. 국제산업증진기관 회장인 폴 폴락은 말한다. "95%의 발명가들은 10%의 부자 고객들을 위해 발명하죠." 하지만 나머지 90%를 위한 발명이야말로 인류를 구할 진정한 혁명이다.

4. 건강

미국은 다른 어느 나라보다 보건에 신경을 쓴다. 높은 GDP로 소비를 많이 하는 대신 보건으로 거의 다 돌려주는 것이다. 2025년에는 65세 이상 인구가 3억 5천에서 6억으로 증가할 것이다. 그리고 이것은 보건 시스템에 큰 압박을 가하게 된다.

해결방안 1. 원격의료처치와 로봇시술

존스홉킨스대학의 앨리슨 오카무라는 로봇시술의 창시자로 그의 목표는 수술 후유증 감소와 더욱 저렴한 수술비용, 그리고 환자의 건강증진이다. 촉각 시스템은 로봇기술과 떨어질 수 없는 관계다. 촉각 시스템은 로봇이 수술 도구가 되게 했고, 로봇과 인간의 상호작용에 도움을 준다. 그녀의 팀은 어느 특정한 부위에 더욱 강한 힘이 작용하는 촉각 시스템을 개발했다. 이 시스템 덕분에 수술은 더욱 섬세해졌다. 시술로봇은 사진을 찍고 기록을 남길 수 있다.

이런 종류의 기술은 미래의 텔레마케터 수술에 큰 영향을 미친다. 일례로 하와이에 있던 한 의사가 괌에 있는 의사에게 지도를 했던 일이 있다. 하와이에 있던 의사는 괌에서 수술을 받는 환자의 심장박동을 확인하는 등의 큰 도움을 줬다. 빨라지는 인터넷 속도는 의사들의 환경을 발전시킨다. 노스캐롤라이나 주의 컴퓨터혁명협회는 환자 모니터링 시스템OHMS을 개발함으로써 천식환자들을 관리하는데 훨씬 수월해졌다.

해결방안 2. 게놈 특정 치료

몇 년 전만 해도 암에 대한 생각은 매우 참담했다. 하지만 합성생물학의 발전과 기술의 발전으로 암에 대한 치료 기대치는 높아졌다. 게놈 특정 치료는 DNA를 정확하게 읽고 조작할 수 있는 강력한 유전자조작기술이다. 합성생물학 덕분에 치료가격은 내려가고, 프로테인, 면역, 바이러스는 기술에 복종할 것이다. 산업화된 의약품은 개발체인의 전체 스펙트럼을 통해 신약 개발의 비용을 줄일 수 있다.

생산 능력의 규모가 작아지고 실험실 테스트는 더욱 간단해질 것이다. 또한 큰 단계적 실험이 필요하지 않고, 임상 실험을 한 사람으로 줄일 수 있다. 그렇기 때문에 어떤 사람을 선택할지에 대한 고민이 줄어든다. 이것은 비용을 절감하고, 한 단계 앞선 의약품을 만드는데 도움이 된다. 환자에게 자세히 알려주고, 책임은 최소한으로 물을 수 있게 된다.

**FUTURE
FORECAST
REPORT**

미래예측보고서 2

생활의 혁명이
일어난다

2040년에는 남녀 모두 3명의 배우자와 함께 산다
2015년은 의료관광의 전성시대
복복하다는 것을 책시하고 믿게 하라
낙태 찬반 공방, 출산장려 그 대안은?
2020년, 로봇이 인간의 운명을 좌우한다
저출산의 재앙, 2305년 한국 인구 5만 명
미래학자가 20년 전 예측한 섬뜩한 세상

1. 2040년에는 남녀 모두 3명의 배우자와 함께 산다

여성의 지위는 많이 좋아지고 있다. 여성에겐 투표권도 없고 바지도 못 입던 시절이 있었다. 남성의 힘과 근육질의 시대였던 농경시대 7,000년과 산업시대 200년이 지나고 정보화시대가 되자 여성들은 서서히 사회에 나오기 시작했다.

정보화시대는 섬세하고, 정제되고, 정밀하고, 세심하며, 감각적인 서비스 마인드가 요구되는 시대다. 비로소 여성들의 시대가 온 것이다. 후기정보화시대는 의식기술시대에서 좌뇌와 우뇌를 모두 사용하는 여성의 시대가 될 것이다. 지금보다 더 많은 여성들이 정치인으로, CEO로 나서며 여성이 차지하는 비율은 공무원은 60% 이상, 교직원은 70% 이상이 될 것이다. 남성은 스포츠, 전쟁터, 위험한 건설현장 등으로 나가게 될 것이다.

유엔의 통계에 따르면 2010년의 전 세계 이혼율은 미국 49.5%, 푸에르토리코 44.7%, 러시아 33.6%, 영국 30.8%의 순이다. 이렇게 이혼율이 높은 이유는 요즘 사람들이 참을성이 부족하고, 일자리 변화로 떨어져서 살게 되면서 주말부부, 연말부부인 노동이주가 늘어나는 탓이다. 안 보면 멀어진다는 말이 실현되는 것이다.

일각에서는 앞으로 이혼율은 크게 문제가 되지 않을 것이라며 이혼변호사가 사라질 것이라고 예측한다. 이미 많은 사람이 결혼을 하지 않고 동거를 하기 때문에 이혼율은 의미가 없어진다는 것이다. 현재 혼인율을 보면 미국 90%, 이스라엘과 뉴질랜드 70%, 영국 68%, 벨기에 66%, 독일 65%, 일본과 오스트리아, 이탈리아 등 대부분의 유럽 국가는 50%, 핀란드와 스웨덴은 40%대로 떨어졌다. 2020년이 되면 혼인율은 25% 이하로 떨어질 것으로 보인다. 결혼이 아닌 동거를 하면 사람들은 더욱더 손쉽게 헤어진다.

2005년, 〈디플로마시〉 잡지에서는 2040년이 되면 결혼이라는 제도가 사라지고 남녀는 3명 정도와 느슨한 파트너 관계를 가지는데, 생산 파트너, 사랑 파트너, 생활 파트너를 가지게 된다고 예측했다. 생산은 좋은 DNA를 가진 사람과 하고, 사랑은 그냥 화학반응이 오는 사람과 하게 된다. 사실상 함께 사는 사람은 생활 파트너인데 그는 모든 면에서 가사를 나눠서 분담하는 사람이라고 한다.

또 미래학자 스킵 디케데스는 2028년이 되면 수명연장으로 인해 미국의 황혼 이혼이 급증할 것이라고 지적한다. 퓨 연구소 The Pew Research Center는 65세 이상의 노인들이 2017년에는 20%, 2027년이 되면 68% 정도가 이혼하게 된다고 밝혔다.

그때가 되면 황혼 이혼을 결정하는 남자들이 많아지는데 의료보건의 발달로 남자들도 오래 살며 더 건강하고 건장하기 때문에 새로운 삶, 변화된 인생을 원하기 때문이다. 지금까지는 여성이 남성보다 훨씬 오래 사는 것으로 나타났지만 그 차이는 점차 줄고 있다. 그 이유는 암이나 에이즈 등도 완치가 되고, 은퇴를 하면서 남자도 건강을 돌보게 되기 때문이다. 남자들은 40대와 50대에 갱년기와 중년 위기를 겪게 되지만 비아그라 등으로 용기를 얻을 수 있다. 60~70대 남성들도 중년처럼 행동하면서 사랑도 하고 부인을 떠나기도 할 것이다.

여자가 이혼하는 이유도 수명연장 때문이다. 의사들은 남자가 앞으로 20년 정도 더 살게 된다는 이야기를 하면 여성이 보따리를 싸서 집을 나가는 경우가 많다고 증언한다. 남편이 코를 골거나, 방귀를 뀌고, 손톱깎이를 아무데나 놓아도 곧 죽을 것으로 생각하고 참아왔는데 앞으로도 한참을 더 산다고 하니 더는 못 참겠다는 것이다.

전통적으로 결혼하여 자녀가 있는 경우는 이혼율이 40%로 전체 통계인 50%보다 낮지만 무無자녀 가정은 66%로 더 많이 이혼하는 것으로 드러났다. 세대별 이혼 진행 속도를 보면 30대가 평균에 비해 두 배 이상 빨리 이혼하고, 20대도 빨리 이혼을 하지만 노년기에 들면 이혼이 그렇게 빨리 진행되지는 않는다.

황혼 이혼은 전 세계적인 현상이지만 특히 일본의 황혼 이혼 증가가 두드러진다. 혼인율은 절반 정도로 내려갔고 그에 따른 저출산이 황혼 이혼의 급증으로 이어진 것이다. 일본은 노인의 나라라고 할 수 있다. 최근 들어 많은 사람이 은퇴를 하면서 이혼을 한다. 그 이유는 더 이상 참고 살 이유가 없기 때문이다. 여자는 남자가 은퇴하면 재산의 반을 나눠가질 수 있기 때문에 기다리고, 남자도 직장생활에 이혼이 문제가 되므로 기다리는 경향이 많다. 그리고 많은 젊은이들이 결혼을 하지 않고, 자녀를 두지 않아 더욱 손쉽게 이혼을 할 수 있는 상황이 될 것이다.

일본은 이미 2005년부터 인구감소를 겪고 있다. 그에 반해 이혼비율은 증가하고 있다. 미국에 비해서는 낮은 비율이지만 4명 결혼하여 1명이 이혼하는 꼴로 이 비율은 점차 늘고 있다. 그런데 놀라운 것은 일본에서 젊은이들의 이혼 축하파티가 유행한다는 것이다. 일본에서는 이혼행사를 하며 그날을 큰 축일로 잡는 놀라운 트렌드가 나타나고 있다고 한다.

〈사이콜로지 투데이〉에 나온 이혼의 이유들을 살펴보자. 2011년 2월 15일자에 미국인들의 이혼비율에 관한 연구를 보면, 미국인들의 이혼비율은 25년 사이 5배로 증가했다. 대부분의 이혼은 결혼 7년 이내에 발생하는 반면, 60세 이상의 경우 이혼비율이 10% 정도로 자신감에 넘치는 베이비붐 세대들의 이혼이 증가함을 알 수 있다.

황혼 이혼은 아이들이 성장하여 집을 떠난 다음에 하는 경우가 많다. 삶의 변화를 꾀하는 경우, 질병, 퇴직, 약물중독, 정서적·신체적 학대를 못 참아 이혼을 하며, 더 이상 남자로 보이지 않거나 사랑하지 않는다는 이유로 이혼을 한다.

또한 퇴직의 공포, 고령화의 공포, 은퇴 이후의 삶의 여정이 달라서, 연금과 노인 빈곤의 위협 등으로 이혼을 하는 경우도 있다. 강한 여자나 직장 여성의 증가로 가정에서 여성의 재정적인 독립이 가능하여 이혼은 늘어날 것이다.

미국의 인구 3억 명 중 7천 8백만 명이 베이비붐 세대다. 베이비붐 세대는 태도와 라이프스타일이 변해 이전 세대와는 완전히 다른 것을 원한다. 그들은 잘 교육받은 세대이며, 매우 개성 있고 독립심이 강하며 자기 자신에 대해 관대하다. 그러므로 그들은 중년기에 삶의 갈등, 일자리 변화, 실업, 종교 문제 등으로 갈등이 생기면 참지 않고 이혼할 것이다. 이렇게 황혼 이혼은 급증하고 있다. 우리나라도 사회문제로 생각하고 미리미리 준비해야 할 것이다.

2
2015년은 의료관광의 전성시대

베이비부머들은 현재 돈을 가장 많이 저축한 세대이다. 현재 은퇴를 시작하고 있는 이들은 평생교육, 평생직업을 원한다. 그래서 이들은 직장에서는 은퇴했지만 자신이 하고 싶은 일, 1인 기업, 1인 비즈니스 등을 차려 즐기면서 일도 하고 얼마간의 소득도 가져오길 원한다.

이미 캐나다와 멕시코는 미국의 베이비붐 세대를 위해 메디투어 산업을 꿈꾸고 있다. 그리고 영어가 되는 인도에서도 2009년에 인도 최초의 헬스 호텔이 개장되었다. 이 호텔은 객실이 58개나 되는 럭셔리 헬스 호텔로 원하는 모든 성형, 주름수술, 의료수술이 가능하다.

메디투어의 바람은 일본과 독일에도 불었다. 이들 나라의 부유한 고령자들은 6개월~1년간의 호화유람선을 타고 그 안에서 아주 위험한 암수술을 하거나 일상적인 성형수술까지 하며 유람선 내에서 치료를 하는 것으로 드러났다. 이러한 메디투어는 은퇴를 한 부유한 사람들의 자신의 신체를 교정하고자 하는 열망과 타국을 여행하고자 하는 열망을 동시에 충족시키기 위해 일어난 신新산업이다.

바야흐로 의료보건의 대혁명이 다가왔다. 베이비붐 세대들은 나이 먹지 않고 늙기를 희망하며 건강한 신체를 가지기를 원한다. 예전에는 돈이 아무리 많아도 의료기술 발전이 미진하여 수명을 다할 수밖에 없었지만 세상은 달라졌다.

고령인구들은 따뜻한 나라를 여행하고 싶어 하며, 동시에 성형수술이나 치과진료 및 미용치료를 받고 싶어 하는데 북미 유럽인들은 코스타리카, 엘살바도르, 과테말라, 아르헨티나, 멕시코를 가장 선호하는 것으로 드러났다. 이들 국가는 성형이나 치과비용이 선진국에 비해 반값 정도도 안 된다. 그래서 이런 나라들은 고급 성형수술과 고급 호텔, 고급 서비스를 개발하고 있다. 주요 고객층인 고령인구는 장기간 요양을 요하는 무릎연골, 엉덩이뼈, 척추부상, 심장 수술 등을 이런 나라들에서 원하는 것으로 드러났다.

금융위기로 한번 주춤했던 메디투어 프로그램은 되살아나고 있다. 주요 고객은 미국, 캐나다, 영국, 유럽 국가 사람들로 이들 국가의 의료비용이 너무 비싸기 때문이다. 저개발국가의 의료비용은 이들 국가의 의료비용에 비해 90% 이상 싸다. 수술을 하고 여행도 하면서 고품격서비스를 제공받을 수 있기 때문에 최근에는 많은 보험회사가 아예 타국에서의 의료서비스를 제공받는 상품을 개발하고 있다. 이렇게 국제보험회사들이 의료관광을 개발하면 자국의 의료기관과 저개발국의 의료기관이 공동이익을 취할 수 있다.

우선 의료관광협회Medical Tourism Association, MTA의 3개 기관이 첫 번째로 이러한 협상에 동의하여 보험상품을 만들어냈다. 해외로 여행하는 미국인에게 보험상품으로 의료관광을 하게 하는데 의료관광협회의 운영국장 겸 메디투어 잡지의 편집장인 르네 마리 스테파노는 흥분을 감추지 못했다.

"협회의 회원사인 월드메드 협력WorldMed Assist이 스위스재보험회사와 계약을 성사시켜서 반갑다. 스위스재보험회사는 고품격의 다양한 글로벌 재보험회사들을 25개 국가에서 운영 중인데, 의료관광이 보험정책에 포함되어 미국과 다른 나라에서 보험처리가 되는 사실이 놀라울 뿐이다."

협회의 또 다른 회원사인 수술여행Surgical Trip은 USNow와 함께 의료관광 프로그램을 회원사 식구들에게 제공하고 있다. 저렴한 의료보험만 들면 해외의료관광까지 보험처리가 되는데, 이 경우에는 저렴한 수술만 가능하다. 제한적 의료보험으로 일정한 의료관광상품이 보험처리가 된다.

협회의 또 다른 회원사인 헬스베이스Healthbase는 웰포인트 블루크로스 블루실드Wellpoint Blue Cross Blue Shield 보험사와 결합하여 파일럿 프로그램으로 미국인들을 인도로 의료관광을 보내는 프로그램에 서명했다. 이런 회사들은 아주 훌륭한 의료관광상품을 제공하며 협회 소속의 의료관광인들에게 상품을 제공하고 있다.

딜로이트 보고서는 2017년에 2,300만 미국인들이 해외의료관광을 떠나서 국제병원에서 800억 달러를 쓸 것으로 예측했다. 미국 내 의료기관과 보험기관은 이제 의료서비스의 천지개벽의 시대를 맞고 있다. 미국의 의료서비스에 만족하지 못하는 사람들이 인도, 멕시코나 중남미로 대거 밀려가기 때문이다. 일반인들은 이런 변화에 아주 만족하고 있으며 특히 미국의료협회The American Medical Association, AMA도 이러한 변화는 긍정적이며, 미국 외에서 의료서비스를 제공받으며 의료관광협회에서 의료관광 붐을 촉진하기 위해 의료협회와 함께 공동노력해야 한다고 발표하였다.

미국노동자협회 국제재단의 2008년 조사에서는 5년 후에는 미국기업의 73%가 해외의료관광보험을 통해 의료서비스를 제공한다고 발표했다. 2008년에는 미국기업의 11%가 이미 해외의료관광 서비스를 보험처리해 주었다. 35%의 기업은 해외의료관광 서비스를 보험처리하고 권장하는 이유로 그것이 값이 싸거나 품질이 좋아서가 아니라 직원들에게 소비주의를 이해시키기 위해서, 즉 열심히 일하지 않으면 해외서비스가 일자리를 뺏어간다는 사실을 가르쳐주기 위해 이 의료관광 서비스를 제공하게 되었다고 이야기했다.

베이비붐 세대는 해외에서 은퇴하려는 욕망이 강하다. 베이비붐 세대들은 돈은 많고 미국 생활에 싫증을 느끼기 때문이다. 7,500만 명의 베이비붐 세대들은 노인 홈이나 시설이 너무 비싸기 때문에 제3국으로 눈길을 돌리고 있다. 이들 중 5백만 명은 이미 미국 외에서 살고 있으며 멕시코에는 이미 120만 명의 은퇴한 미국, 캐나다인들이 거주하고 있다. 미국, 캐나다인들은 멕시코의 의료보험이 연간 350달러밖에 하지 않아도 그것을 신청하지 않고, 미국으로 돌아와서 의료서비스를 받을 돈으로 멕시코의 최고급 의료서비스를 받는다.

메트라이프MetLife가 최근에 은퇴한 미국인들을 조사했는데, 미국의 노인시설에서 한 달에 드는 비용은 평균 3,031달러로 멕시코에서는 그러한 서비스를 받는데 미국의 3분의 1 가격이면 충분한 것으로 드러났다. 이런 이유로 멕시코에서는 현재 노인시설이 붐을 일으키며 건설되고 있다. 남미에도 은퇴하는 미국인들이 몰리고 있다. 미국, 캐나다, 유럽인구들이 들어오자 남미에서도 고급 노인시설이 건설되고 있는데, 이들에게 의료관광 서비스를 제공할 예정이다. 필리핀에도 미국인 25만 명이 거주하고 있으며 미국인 은퇴자들을 받는 은퇴마을들이 생겨나고 있다. 이 마을의 특징은 최고급 의료관광을 제공한다는 사실이다.

이처럼 베이비붐 세대들은 세상을 바꾸는 세대들로 이들은 흑인 여성인권운동, 환경운동, 히피운동에서 이제는 의료관광운동, 제3국 은퇴운동을 벌이고 있다. 의료관광은 고령화시대로 접어들며 이동성 강화로 사람들이 지속적으로 이주하고 이동하기 때문에 부상하는 산업이다. 국제환자센터가 들어서서 국제문화 서비스를 제공하고 관광과 의료서비스를 적절히 섞는 전략이 중요하다.

좀 더 편리한 고령인구에 적절한 계단 없는 건물, 유니버설 디자인으로 편리한 휠체어 등이 용이하도록 만든 건물, 각종 로봇이 노인들과 말벗 상대도 되고 위급 시에 의료기관과 연결해주기도 하는 등 노인들을 위한 서비스를 제공해야 한다. 베이비붐 세대가 원하는 바를 잘 찾아내야 의료서비스에 성공할 수 있을 것이다.

3
똑똑하다는 것을 섹시하다고 믿게 하라

　인류는 약 1만 년 전 농경사회를 형성한 후 17세기에는 산업혁명을, 1990년대부터는 정보혁명을 겪으며 현재 정보서비스, 소프트 사회를 맞이하고 있다. 농경시대는 머리가 좋은 사람이 그다지 많이 필요하지 않았다. 매년 거의 반복적인 생활이었고 과거의 경험이 큰 역할을 했기 때문에 새로운 것을 만들어낼 필요성이 크지 않았다.

　산업사회에서도 사정은 크게 다르지 않아 대부분의 사람들은 노동자로서 공장이나 사무실에서 변화가 그리 많지 않은 생활을 영위했다. 물론 농경시대보다는 두뇌를 더 사용해야 할 필요성이 있었으나 사회에 변화를 불러오는 일은 거의 극소수 창조적인 인간들의 몫이었다. 지적인 활동의 결과는 도서관에 수록되어 있어 필요한 사람들만 찾아볼 수 있었다.

그러나 정보화시대는 사정이 많이 달라졌다. 인터넷의 발달로 새로운 모든 지식이 시시각각 모든 사람에게 대부분 무상으로, 즉시 전달되는 세상이 되었다. 현재 지구촌 인구의 4분의 1이 인터넷에 연결되어 있으며 지구촌 인구 모두가 10년 내에 인터넷에 연결될 것으로 예상된다. 이 세상의 모든 지식을 인터넷에서 누구나 찾아 볼 수 있기 때문에 어떤 지식을 암기한다는 것은 하등의 의미가 없게 되었다. 도서관에 쌓여 있는 지식은 대부분 죽어 있는 지식으로 남게 된다.

그래서 정보화시대는 사회 공통의 이슈나 문제점을 해결하는 방법으로 집단지성을 이용하게 되었다. 이러한 사회에서는 자본이나 정보의 소유보다는 창조적인 두뇌활동이 사회생활에 주류를 이루게 되어, 머리가 좋으냐 나쁘냐 하는 것이 중요한 변수로 등장하게 되었다. 이로써 어떻게 하면 머리, 즉 IQ가 좋아지는지를 생각해볼 필요가 생긴 것이다.

옛날에는 "머리는 태어나면서 타고나는 것이다."라며 지능이 떨어지는 것에는 별 뾰족한 수가 없다고 여겼다. 하지만 최근 연구에 의하면 머리를 어떻게 훈련하느냐에 따라 지능은 얼마든지 달라진다고 한다. 다양한 두뇌향상기술이 개발되고 있으며, 일상생활에서 두뇌활동을 증진시켜 IQ를 높이는 노력으로 두뇌향상이 가능해지고 있다. 다음은 일상생활에서 두뇌를 향상시키는 방법이다.

1. 어떤 상황에 대처하고, 반응하고, 대안을 마련하라. 즉 피드백에 반응하라.

어떤 일이나 상황에 처했을 때 우리는 외부나 타인으로부터 자연스럽게 피드백을 받는다. 이때 이 피드백에 반응하는 것이 중요하다. 피드백을 받고도 아무런 반응을 보이지 않으면 우리의 뇌는 피드백을 처리하지 않고 쌓아두게 되어 상황처리 능력이 퇴화된다. 이렇게 되면 뇌세포의 활동이 무뎌지게 되어 두뇌회전에 큰 지장을 준다.

피드백에 대답을 하면 상황인식력은 한 단계 더 나아가게 되고 더 강한 대처 능력이 생긴다. 상황에 처했을 때 즉각 반응하고, 대안을 생각하고, 내가 해야 할 행동을 생각하여 실행하는 것이 머리를 좋아지게 만든다. 가만히 있는 사람보다 활동하고 앞서가고 대안을 수행하는 사람은 두뇌를 활발하게 활용하므로 뇌 기능이 향상된다.

2. 지속적인 사랑을 주고 환경을 다양하게 하라.

아동을 양육할 때 지속적인 사랑을 확인시켜주면 자신감을 얻어 스스로 원하는 것을 하고자 하는 능력이 길러진다. 지속적인 사랑을 받지 못한 아동은 이러한 능력이 현저히 떨어진다. 특히 환경을 바꾸어주는 것이 좋다. 가령 아기의 침대에 달아 놓는 모빌 같은 장난감을 그냥 두면 아기는 곧 흥미를 잃고, 모빌은 두뇌발달에 도움이 되지 않게 된다.

그 장난감의 색깔, 위치, 모양 등을 자주 바꾸어주어야 한다. 어른의 경우에도 여행, 새로운 경험 등을 통해 환경을 다양하게 하여 두뇌에 자극을 주어야 한다. 아동, 학생들이 외국인과 만나고 외국경험을 하는 등 새로운 것에 항상 노출하여 대응하고, 반응하게 하는 것은 머리를 좋아지게 만든다.

3. 영양을 충분히 섭취하라.

영양이 두뇌에 끼치는 영향은 말할 필요도 없다. 단백질과 철분이 동시에 공급되어야 뇌세포가 정상적으로 증식한다. 기아에 허덕이는 아프리카의 어린이들의 두뇌는 거의 저능아 수준으로 성인이 되어도 사회생활에 지장을 받는다. 영양분을 충분히 공급받는 집단과 영양이 충분치 않은 집단의 차이점은 사회소통, 의사결정, 의사소통 능력이다. 실제로 기아에 허덕이는 북한의 어린이들과 남한의 어린이들의 지능은 큰 차이가 난다. 향후 통일이 되면 지능차이, 인식차이, 능력차이는 사회통합에 문제점으로 나타날 것이다. 그러나 지능은 다시 영양을 공급하면 회복할 수 있다.

4. 논리력 훈련이 필수다.

우리는 인체의 정상적인 발달과 유지를 위해 운동을 계속하는데 주로 육체적인 운동인 근육이나 골격운동에 치중하고 있다. 두뇌도 다른 인체조직과 마찬가지로 운동을 해주어야만 정상적으로 발달하고 건강한 상태를 유지할 수 있다. 두뇌의 운동으로는 게임이 대표적인데, 아동들에게 막무가내로 컴퓨터 게임을 하지 못하게 하는 것은 두뇌에 좋지 않을 수 있다.

성인의 경우에도 이러한 논리력 훈련을 등한시하면 창조적인 사고 능력이 현저하게 줄어드는 것을 볼 수 있다. 수학이나 피아노를 치는 것도 머리를 좋게 만든다. 이는 초등학교 과정에서 사고가 완벽하게 융통성을 갖지 않을 때 신경세포인 뉴런이 수학이나 피아노를 배우면서 논리력을 키워 활성화하기 때문이다.

5. 머리가 좋아질 수 있다고 믿어라(위약효과).

의사들이 약효가 없는 약을 환자에게 약효가 있다고 말하며 복용시키면 실제로 병이 낫는 현상을 위약효과(플라세보 효과)라고 한다. 이것은 두뇌발달에도 그대로 적용된다. 어린이들에게 '너는 머리가 좋다'라고 계속 이야기해서 스스로 믿게 만들면 그 어린이는 다른 어린이에 비해 더 좋은 두뇌활동을 하게 된다.

성인의 경우에도 나이가 듦에 따라 '나도 이제 늙어가는구나'라고 스스로 믿으면 실제로 더 빨리 늙게 된다. 아이들이 자신만은 창의력을 가졌고, 다른 아이들보다 더 나은 생각을 하고 다양한 대안을 마련할 수 있다는 능력을 말로 되풀이하면 실제로 그 능력이 생긴다고 한다.

6. 똑똑한 사람과 어울리거나 가상현실에서 수많은 친구를 만나라.

인간은 자기가 속한 집단의 영향을 직접적으로 받는다. 가령 우수한 학교에 다니는 학생들은 서로의 교류를 통해 상승작용의 효과를 얻는다. 예전에는 이러한 교류에 한계가 있었다. 천재의 수는 얼마 되지 않으므로 그들과 직접 교류할 수 있는 사람의 숫자는 제한되었다. 그러나 이제는 가상현실을 통해 누구나 아인슈타인, 뉴턴, 소크라테스, 공자, 세종대왕 등 역사상 모든 우수한 사람들과 교류가 가능하다.

그 외에 천재들의 홈페이지 등에 들어가서 수많은 정보를 얻고, 생각하고, 상상하고, 그들과 이메일을 나누고, 멘토를 찾아 해외 석학들과의 대화를 나눔으로써 석학과 같은 수준의 사고력을 서서히 얻을 수 있다.

7. 소프트웨어를 활용하는 얼리어답터가 되고 게임을 많이 하라.

정보서비스시대인 소프트웨어사회의 특징은 소프트웨어 시스템의 광범위한 운영에 있다. 이러한 소프트웨어 시스템을 잘 다룰 수 있어야만 정보화사회에서 자유롭게 활동할 수 있다. 이제는 소프트웨어가 너무 복잡해져서 어느 한 집단이 소프트웨어의 소유권을 행사하는 것이 불가능해졌다. 리눅스는 어느 누구에게도 독점적으로 소유되지 않으며 마이크로소프트도 OS 소스의 일부를 무료 공개하고 있다.

이와 같이 정보사회의 가장 큰 자산인 소프트웨어가 누구에게나 무료로 제공되고 있는 엄청난 경제 패러다임의 변화가 우리 주변에 벌써 시작되었다. 이제는 자본의 소유권이 국가(공산주의)나 개인(자본주의)에 속하는 시대는 지나고 새로운 경제 질서가 도래하고 있다. 이러한 사회에서는 자본의 소유보다 두뇌의 활용이 더 큰 위력을 발휘한다. 정보화시대의 교육의 효과적인 방법은 게임과 시뮬레이션을 사용하는 것이므로 이것을 잘 활용할 줄 알아야 한다.

인간은 변화에 저항한다. 어른들은 새로운 것에 저항한다. 소크라테스는 말로 지식을 전파했다. 처음 언어가 개발되었고 책이 나왔을 때 수십 년 동안 어른들은 책에 써놓고 머리로 외우지 못하면 아이들의 머리가 나빠진다고 책을 소거했다. 처음 TV가 나왔을 때는 바보상자라고 하며 TV를 보지 못하게 했다. 게임이 나와서 게임중독이라는 말이 나오고 있지만 아이들은 게임을 통해 사고력, 추리력, 논리력, 창의성을 배우며 어려운 나노 바이오 물리의 원리를 배우기도 한다. 게임 다음에 새로운 것이 나오면 어른들은 또 저항하여 아이들에게 그것을 금지할 것이다. 무조건 게임을 금지할 것이 아니라 두뇌를 발달시키는 방향으로 게임을 개발해야 할 것이다.

8. 신경계 의약품을 복용하라.

인체의 모든 조직은 화학물질로 이루어져 있다. 의약품이란 이러한 육체의 화학물질 조직에 화학적으로 반응하여 변화를 주거나 질병을 치료하는 물질이다. 그렇다면 우리의 두뇌를 이루는 화학물질이 더 잘 활동할 수 있게 하는 약품을 복용하면 머리가 더 좋아질 것이다. 그러나 이러한 물질의 사용에는 많은 주의를 기울여야 한다. 어느 집단만 독점적으로 이러한 물질의 사용이 허용된다면 큰 혼란이 야기될 수 있다.

실제로 한 제약회사가 머리 좋아지는 의약품을 개발하여 임상실험에 들어갈 무렵 미디어에 잘못 알려져 포기한 경우도 있다. MIT 학생들에게 머리가 좋아지는 약을 실험하려 하는데 반대파들이 들고 일어나서 실험자체가 중단되었다. 두뇌활동을 향상시키는 의약품에 대한 연구는 지금도 계속되고 있다. 2030년이 되면 두뇌강화 의약품의 복용은 상용화되고 보편화될 것이다. 이때가 되면 사람들의 IQ는 190정도가 된다고 한다.

9. 밈(meme)을 주위에 많이 보이게 하라.

밈meme이란 유전자가 정자와 난자의 결합을 통해 신체에서 다른 신체로 전달되듯이, 문화적인 요소가 모방을 통하여 한 사람의 뇌에서 다른 사람의 뇌로 전달되는 숙주의 역할을 하는 것이다. 이러한 전달과정에서 각각의 밈들은 변이, 결합, 배척 등을 통해 내부구조를 변형시키면서 진화한다. 건물이나 교실의 벽에 붙어 있는 표어는 밈의 한 예다. 따라서 두뇌의 발달을 고취시키는 데에 효과적인 밈을 주위에 많이 보이게 하면 머리가 좋아진다.

한 집단의 목표의식을 고취시키는 데에도 밈의 요소를 포함하는 표어는 매우 효과적이다. 사람들은 금발이 섹시하지만 똑똑하지는 않다고 믿었다. 그렇게 믿기 때문에 금발은 똑똑하게 행동하지 못했다. 섹시하게 보이려면 일부러 바보인 것처럼 마릴린 몬로와 같은 백치미를 돋보이는 행동을 할 수밖에 없었다. 하지만 이제 똑똑한 것이 섹시하다라는 사실을 사람들이 믿게 되면 사람들은 똑똑해지려고 할 것이며, 똑똑한 행동을 하게 되면서 인간은 더욱더 똑똑해질 것이다.

10. 스트레스가 없는 쾌적한 환경을 만들어라.

두뇌활동에 가장 큰 영향을 주는 두 가지 요소는 스트레스와 주위 환경이다. 이것은 인간의 두뇌뿐만 아니라 식물을 포함한 모든 생물체의 성장과 활동에 직접적인 영향을 준다. 미국의 어느 우주연구소에서는 창조적 사고를 돕기 위해 벽을 오렌지색으로 칠했다. 또한 작은 소리의 클래식 음악은 뇌의 연상작용에 도움을 준다고 한다. 이렇듯 원하는 두뇌활동에 적합하게 주위를 가꾸는 것은 매우 중요한 일이다. 쾌적한 환경, Y 세대들이 좋아하는 음악, 색깔 등으로 가꾼 MS와 구글의 사무실이 대표적이다. 자유로운 복장을 하며, 복도에 음식과 차, 커피를 항상 준비하여 직원들이 나와서 대화를 나누고 새로운 생각이나 영감을 받도록 주변 환경을 바꾸는 일은 직원의 능률과 창의성 증가에 도움이 된다.

이처럼 미래의 기술로 두뇌를 향상시키는 다양한 방법이 개발되고 있다. 뇌와 관련된 공학 중에서 분해공학 Reverse Engineering 이 있다. 미래의 어느 시점에서는 나노공학과 바이오공학이 발달하여 자동차회사에서 타사의 신차를 분해하여 연구하듯이 우리의 뇌를 철저히 분석하여 최고로 발달된 형태로 재설계할 수 있을 것이다. 일본의 리컨두뇌 연구소에서는 2019년이면 두뇌를 생산할 수 있다고 장담하고 있다. 두뇌의 체계와 뉴런의 움직임 네트워크 등 두뇌에 대한 이해가 되면, 그 두뇌활동을 증강시키고 두뇌를 어떻게 만들 수 있는지 AI에 인공지능을 집어넣는 행위가 연구되고 있다.

유전자조작과 유전공학을 이용하는 방법도 있다. 유전공학이 발달하면 우리의 뇌를 분석하여 나쁜 유전자를 좋은 유전자로 변이시켜 명석한 머리를 갖게 할 수 있다. 빌 할랄 교수는 2030년쯤에는 유전자변형을 통해 아동의 두뇌나 키, 피부색, 눈동자색, 머리색, 얼굴형태, 신체구조 등을 내가 원하는 대로 선택하여 만들 수 있게 된다고 말한다. 이미 2003년 영국에서의 한 소송에서는 특정한 상황에서의 맞춤아기가 인정된 일이 있다. 왕미래예측 연구소에서는 2020년이 되면 인간과 동물의 하이브리드가 나온다고 밝혔다.

뇌신경세포의 활동을 저해하는 당분찌꺼기를 먹어 치우는 미생물이 있다. 뇌에 흐르는 혈액이 적절히 운행되지 않으면 뇌의 신경세포들 사이에 찐득찐득한 당분찌꺼기가 쌓이게 되는데 이 찌꺼기가 신경세포의 활동을 저해하게 된다. 바이오공학이 발달하여 이러한 당분찌꺼기를 먹어 치우는 미생물을 만들어서 뇌에 주입하면 뇌신경세포의 활동이 활발해질 것이다. 과학기술의 발달은 우리가 상상하는 것보다 더 빨리 더 많이 진화하고 있다.

4
낙태 찬반 공방, 출산장려 그 대안은?

　2010년 2월 3일 불법낙태 근절운동을 벌이는 프로라이프의사회는 낙태 시술의사들을 검찰에 고발했다. 이로써 낙태 찬반 논란은 확산되었다. 여성단체들은 낙태시술 단속강화는 여성의 권리를 박탈하는 것이라고 하고, 낙태 반대 단체는 당장은 어려워도 미래를 위해서는 낙태 금지로 가야 한다고 주장한다.

　미혼모의 출산이 급증하고 있는 것은 현실이다. 물론 그것을 부정하는 층도 있고 낙태 금지가 새로운 미혼모를 양산할 것이라는 층도 있다. 정부는 대책을 내놓지 않으면 안 되는 입장이다. 출산 아동의 절반 이상이 미혼모(결혼하지 않은 몸으로 아이를 낳은 여자)에게 태어나는 서구처럼 한국에서도 미혼모의 자리는 커질 것이다.

2008년도 미국보건통계센터의 통계에 따르면 아이슬란드의 출산 아동 중 66%가 미혼모에게 태어났다. 결혼은 25%만 하고 대부분 사실혼관계이거나 동거인 상태다. 스웨덴은 55%, 노르웨이는 54%, 미국은 50.4%, 대부분의 북유럽과 프랑스는 50%, 덴마크 46%, 영국 44%, 호주 38%, 러시아 25%다. 그리고 일본이 3%일 때 한국에서는 1.6%만이 미혼모에게 태어났다.

한국의 미혼모 출산이 겨우 1.6%밖에 되지 않는 것은 유교사상에다 정부가 미혼모를 지원하지 않기 때문에 미혼모들이 낙태를 선택하고, 출산한 영아도 70%는 입양을 시키기 때문이다. 이들 중 대부분은 스스로 양육을 희망하지만 재정 문제로 입양을 시키는 것으로 드러났다. 이제 미혼모의 자녀를 정부가 빼앗아 국내나 해외입양을 보내거나 수양부모에게 맡기는 것은 인륜에 어긋난다며 미혼모들이 일어나고 있다.

지금까지 한국은 꼴찌에서 1등 하는 속도가 빠르다. 자동차사고, 이혼율, 저출산율, 초고령화, 청소년 자살율 등이 그것인데 미혼모 또한 그럴 가능성이 충분하다. 출산장려운동에서 미혼모들의 낙태를 막는 일이 가장 큰 사업으로 떠오를 것이기 때문이다.

찬반양론이 일어나고 있는 한국의 현실은 외국과는 양상이 사뭇 다르다. 누구든지 찬반양론의 문제를 제기할 수 있지만 서구문화에서는 대안 없이 찬반의 의견을 내놓았을 경우 환영받지 못한다. "나는 반대한다. 나머지는 어떻게 되든 나는 반대야." 이런 논리는 신문에서 더 이상 실어주지도 않는다. 대안이 없기 때문이다. "이렇게 하면 저출산 문제를 해결할 수 있다"는 대안을 내놓아야 비로소 의견으로 받아들여진다.

우리나라 낙태 찬반은 대안 없이 진행되고 있다. 낙태는 여성의 권리라고 하지만 여성 중 낙태하지 않고 출산하고 싶어 하는 권리는 누가 대변해 주겠는가? 낙태 금지에 찬성하는 측도 그 길이 맞다라고만 하지 말고 미혼모를 어느 예산으로 어떻게 지원하자는 것인지에 대한 구체적인 대안을 내놓아야 할 것이다.

현재 양 측의 논란은 큰 문제점 한 가지를 빼놓고 있다. 여성이 출산을 희망해도 낙태할 수밖에 없는 경우는 어떻게 도와줄 수 있는가에 대한 대안이 빠진 것이다. 결혼을 한 여성의 경우와는 달리 싱글맘들은 대개 낙태를 원치 않는다. 여성의 출산희망, 출산권리를 지킬 수 있도록 정부나 지역단체의 지원이 필요하다.

결국 대안은 낙태를 원하지 않는 싱글맘들에게 '저출산 고령화 출산장려 운동' 예산의 수조 원 중에서 '목숨보다 더 원하는 출산'을 지원해서 출산율을 조금이나마 높이자는 것이다. 결혼하지 않은 여성이 가장 원하는 것은 사글세방이다. 그들은 아이와 몸 누일 곳만 있으면 출산을 하겠다고 한다. 호주 등 외국에는 1970년대에 싱글맘 지원법이 생겨서 아이들을 원할 경우에는 대부분 출산을 하고 자신들이 키운다. 결혼하지 않았다고 아이를 뺏어서 입양, 수양으로 보내는 것이 오히려 여성권리를 침해한다는 것이다.

하지만 수많은 미혼모에게 어떻게 사글세방을 하나씩 다 구해줄 수 있겠는가? 간단하다. 건설업체들이 나서면 된다. 외국처럼 '커뮤니티 공유 공간법'을 제정하여 모든 아파트 건물에 일정 비율의 커뮤니티 공간을 의무화함으로써 미래사회의 모든 가구에 필요해질 복지 및 문화 공간 인프라를 지역사회 통합형으로 구축하는 것이다.

이는 링컨이 모릴 법Morrill Act을 통해 미래의 교육을 위해 주립대학교를 보급하여 이후 교육이 미국을 성장시키는데 크게 기여하도록 한 것과 유사하다. 아파트 101호, 102호를 영구 임대하여 은퇴간호사, 수양부모, 싱글맘들로 만들어진 네트워크에게 주어 이들의 일자리를 창출할 수 있다. 아이를 맡기는 부모들은 24시간 값싼 고급 서비스를 바로 아래층에서 받을 수 있다.

한국 사회를 안정시키고 사회통합의 글로벌 성공사례로 성장시킬 수 있는 방안으로 커뮤니티 공유 공간을 만들면 아이들도 이웃이 돌보고, 고령화사회에 나의 시어머니, 옆집 시아버지를 한 아파트에서 함께 돌볼 수 있다. 또한 손자, 손녀들이 옆집 할머니, 할아버지의 가사도우미가 되어주는 자원봉사, 교육, 문화, 다문화활동 등이 한 커뮤니티 안에서 가능하다. 미래사회에는 노동력 부족이 큰 문제인데 이러한 커뮤니티 공유 공간은 노동력이 해결되고 사회통합과 국민통합이 이뤄지는 모델이다.

대한간호협회와 한국수양부모협회는 공동으로 '케어 24시 Care 24'라는 서비스를 제공하는데 합의했다. 현재 수양부모협회는 3천 명의 버려진 아이들을 키우고 있다. 그들은 16년간 3만 명의 아이들을 돌보았다. 케어 24시는 아파트 한 동에 수양부모 한 가구가 들어와 24시간 아이들을 돌봐주는 자원봉사활동이다. 정부지원은 법으로 한 명당 6만 5천 원이다. 근래 싱글맘들의 평균연령은 28세이다. 수양부모 중에는 싱글맘들이 있는데 자신의 아이와 남의 아이를 은퇴간호사와 수양부모들과 함께 키우는 시스템을 구축했다.

싱글맘들은 어린아이가 4~5세 되어 유치원을 가고 성인이 되어 독립할 때까지 집이 마련되고, 자신의 아이와 남의 아이를 함께 키우는 일자리가 창출된다. 한국자원봉사협의회 등과 연계하여 영어자원봉사자, 음악자원봉사자, 대한간호협회의 은퇴간호사들이 그 지역에서 다양한 네트워크를 통해 함께 지원하는 체계를 갖춘다. 수양부모가 되려면 교육과 훈련을 받아 자격증을 취득해야 한다. 이 케어 24시 네트워크에서 봉사할 수양부모들은 대한간호협회에서 또 다른 보습 훈련 및 재교육을 받게 된다.

케어 24시는 아침에 수양부모가 101호에서 올라가 아이를 데리고 내려가고, 저녁에 부모가 퇴근했다고 전화하면 아이들을 데려다 준다. 새벽 3시가 되어도 아이를 언제든지 맡기거나 찾아갈 수 있다. 특히 해외출장이나 갑작스런 프로젝트나 사건사고에 아이를 맡기지 못해 안타까워하는 엄마들이 애용하는데, 여성의 일할 권리를 찾아줄 수 있다. 몇몇 건설업체가 이미 '24시간 아이를 돌봐주는 아파트' 건설에 관심을 보이고 있어 건설회사의 동의가 있으면 정부예산 없이도 당장 운영이 가능하다.

이 제도가 생기면 여성 유휴노동력이 생산노동력으로, 자원봉사로 이동하게 되면서 사회통합의 셀, 사회통합 문화사랑방이 곳곳에 만들어진다. 미래사회에는 치매부모 5명을 101호에 모시고 며느리들이 돌아가며 1주일에 하루씩 담당하거나 아이돌보미를 205호에 두고 마음 놓고 직장생활을 할 수 있게 된다. 추석명절 때도 101호에 집 봐주는 사람을 두어 마음 놓고 시골에 다녀올 수 있다.

해외여행을 할 때는 애완동물을 101호 공유 공간에 맡길 수 있으며, 공동구매, 공동문화생활을 즐길 수 있다. 미래의 신설 아파트 101호, 102호 등을 공동체, 일자리 창출 목적으로 사용하면 된다. 외로운 코쿤족을 양산하고, 사회적 반목을 일으키는 부정적인 문화마저 초래하는 '네모 집 아파트'에서도 공유 공간으로 사회통합을 위한 노력이 시급한 실정이다.

최근 아파트 분양이 저조한 상황에서 케어 24시 네트워크인 은퇴간호사,

수양부모, 싱글맘들이 어우러져 101호, 102호에서 아파트의 아이들을 보는 제도인 '아이는 제게 맡겨요! 케어 24시'는 아파트 분양의 승패를 가름하게 될 것이다. 이미 '케어 24시 네트워크'가 만들어져 있어 정부가 노래를 하는 싱글맘들의 일자리 창출이 가능하다.

싱글맘이 마음에 걸린다면 아이들을 유아원에 맡겨도 미혼의 보육교사가 돌볼 것이다. 수년 전부터 출산장려운동을 벌여온 유엔미래포럼은 2006년에 '한국이 2300년에 거의 소멸한다'는 미래보고서를 내놓았다. 조금만 멀리 보면 국민도 저출산으로 노동력이 없어 외국인근로자로 한국을 채우는 것보다는 우리 아이들로 채우는 것이 낫다는 생각을 하게 될 것이다. 아울러 이러한 공유 공간은 우리 시대의 최대 화두가 되고 있는 좌우파, 빈부격차 등의 갈등구조를 개선하는 것은 물론 급진전되고 있는 고령화와 다문화사회를 대비하는 '사회통합'의 방법이 될 것이다.

5
2020년, 로봇이 인간의 운명을 좌우한다

　미래사회에는 뇌과학이 부상한다. 40년 전 유엔미래포럼의 제롬 글렌은 2015년이나 2020년에는 뇌과학 또는 의식기술시대가 온다고 예측했다.
　고령화시대가 다가오면 치매나 각종 뇌질환자가 많아지면서 뇌의학이 발전하게 되고, 지식경제시대가 되면 지식에 대한 갈망이 높아지고 엄청나게 많은 정보의 홍수 속에서 적절한 지식을 인터넷에서 찾아서 활용하면서 저장하는 인공해마 등의 기술이 발전할 것이다. 이렇듯 인간은 더욱더 많은 지식을 머리에 저장하기를 원하게 된다.
　교육의 천지개벽이 오면서 교육은 교실 속에서 교사가 지식을 전달하는 방식이 아닌 적시 학습, 시뮬레이션 학습을 하게 된다. 두뇌 발전에 대한 욕구가 높아지고 사고의 폭이 넓거나 상상력이 뛰어나고 창의성이 높은 아이들을 요구하게 되어 두뇌공학 발전에 대한 욕구도 높아지게 된다. 칩 등을 넣어서 수많은 지식이나 정보를 저장하기를 희망하게 된다. 인력이 기계화, 자동화, 센서로봇 등으로 대체되면서 사람들은 로봇의 두뇌를 발전시켜 인간의 두뇌를 로봇에 집어넣기를 바란다. 이미 레이 커즈와일 박사는 컴퓨터의 지능이 2010년에는 쥐의 두뇌, 2025년에는 인간의 두뇌를 능가하게 된다고 말했다. 또한 2050년에는 지구촌 인구 93억 명의 두뇌를 다 합친 것보다 컴퓨터 한 대의 지능이 더 높아지게 된다고 예측했다.

박사는 나노공학이 2020년에 보편상용화되면 나노와이어링Nanowiring을 통해 두뇌신경을 전부 나노로 연결시켜서 뇌사가 불가능하게 되어 사망하지 않는 시기가 온다고 말했다. 2005년에 텔아비브의 기술예측연구소 ICTAF05가 발표한 것을 보면, 나노바이오융합이 완벽하여 인공장기의 실험관재배가 보편화되고, 바이오에너지 컨버전스 시스템이 나오며, 개개인이 실리콘 칩이 아닌 단백질 칩을 신체에 넣고 다닌다고 한다. 또한 인공피부 재생이 가능하여 부상 부위의 자동치유 능력을 갖춘 인공 시스템이 판매되며, 전자 소재에 나노기술이 보편화되고, 지구촌 에너지의 8%가 재생에너지로 대체된다고 한다.

2006년에 중국인 브라이언 왕의 왕미래예측 연구소는 2020년에는 뇌공학이 발달하여 고급해상도 영상물이 수정체에 반사하여 잠시 동안 현실과 가상의 구분이 불가능해질 거라고 예측했다. 또한 인공장기가 보편화되고 인간과 동물의 하이브리드가 보편화되며 부자들의 유전자변형으로 육체적, 정신적 두뇌 성능의 고급화가 가능하다고 한다. 전 세계 언어 통역기로 언어장벽의 소멸도 다가온다고 하였다.

영국텔레콤BT의 '기술예측 2005년'에서 발표한 2020년의 모습을 살펴보면 인공지능 인간이 석사학위를 수여하며, 기계와 인터넷 지식이 인간두뇌보다 똑똑하여 인간지능을 능가하며, 전자생명체가 인권을 획득하고, 인공곤충, 소형동물이 인공지능을 갖추고, 인공지능 국회의원이 등장하며, 인공센서를 피부미용과 성형수술에 사용하고, 1달러에 DNA를 읽을 수 있게 된다.

또 인공두뇌를 장착한 인조인간이 지구촌 인구의 10%를 차지하고, 남의 생각을 읽을 수 있는 두뇌를 갖추게 되며, 전쟁은 로봇이 대체하고, 인체 내에 칩으로 주민등록증을 몸속에 넣고 다닌다. 뇌공학의 발달로 범죄자의 감정조절이 가능한 칩을 사용하게 되면서 범죄자와 행동장애자를 가둬두는 것이 아닌 풀어놓고 감찰할 수 있다.

빌 할랄 교수의 테크케스트는 매주 업데이트되는데 그의 발표에 의하면 두뇌나 몸에 들어가는 스마트 센서는 2015년에 370조 원 시장, 인텔리전트 인터페이스 시장은 2016년에 516조 원, 인텔리전트 웹 시장은 636조 원, 가상현실 교육 시장은 2017년에 564조 원, 가상현실은 2018년에 492조 원, 양자컴퓨팅은 2023년에 516조 원, 바이오컴퓨팅은 2024년에 492조 원의 미국 시장이 뜬다고 예측한다.

뇌공학이 시작된 지 반세기가 되었지만 뇌공학의 본격적인 연구는 20년 정도가 되었다. 뇌 영상을 촬영하고 뇌활동을 직접 실험하는 등, 두뇌활동의 모니터가 가능해지면서 뇌공학은 발전했다. 두뇌 스캔, 조제 의약품에 이르기까지 뇌공학은 그 영향력을 넓히고 있다. 우울증, 불면증 등의 정신적인 영향이나 그 외의 바이러스 치료용 약물, 암, 뇌졸중, 재활에 뇌연구가 포함되며 신경증 환자들을 치료하는 연구들도 진행 중이다.

뇌공학은 두뇌의 잠재력과 일상생활의 거의 모든 면에서 두뇌가 미치는 영향을 연구하여 심도 있는 현대사회에서 두뇌운동 증가, 활용, 제어 등 뇌가 하는 역할이 무궁무진함을 알게 되었다. 특히 다양한 관심에 따라 가치관이 달라지는 미래사회의 똑똑한 개개인들의 뇌를 연구하는 것은 미래사회의 인간의 생활과 인격변화에 영향을 미친다.

저출산 고령화로 한 사람, 한 사람이 더 중요해지면 인간의 능력강화 욕구가 생긴다. 고령화로 인한 노인들의 침체되는 뇌활동을 활성화시키는 노력이 앞으로 급격히 증가할 것이다. 정보화시대에 뇌 기능을 개선하기 위한 다양한 방법이 개발되고 있다. 앞으로 수요가 많아지면서 뇌공학은 급속히 부상할 것이다.

수많은 제약회사가 뇌 기능을 향상시킬 수 있는 약제와 물질을 만들고 있다. 정신병이나 큰 충격을 받은 환자들에게 상처받은 정신세계를 정상으로 복원하고, 여러 가지 유용한 기능을 갖춰주는 약품을 개발하고 있다. 마약이나 담배 등에 중독된 환자들의 치료, 두뇌 기능 향상, 간질치료, 퇴행성 질환(파킨슨병, 헌팅턴병, 루게릭병)을 앓고 있는 환자의 치료, 환청이나 유령을 본다는 환각, 환시 등을 치료하는 기술도 개발되고 있다. 두뇌의 새로운 기능 향상 및 재활이 가능해졌다. 두뇌공학의 혁명은 10년 전부터 이루어지고 있으며 이미 개발된 기술도 많다.

자기공명영상기술

이미징이나 자기공명영상MRI으로 뇌의 상태, 구조에 대한 획기적인 뇌 스캔기술이다. 뇌의 역할을 구별할 수 있는 이미지를 보여준다. 최근에는 기능성 MRIfMRI 촬영이 등장했는데, 기능성 MRI를 활성화할 때 뇌에 산소 수준을 측정하여 신경활성화를 알 수 있다. 다른 도구가 개발되어 뇌과학자들에 의해 뇌의 구조와 활성을 추적하는 데 사용된다. 이전의 CT 촬영이 지금은 MRI 촬영으로 바뀌고 있다. 옛날에는 연구자들이 뇌의 부상이나 동맥류 질병을 파악하기 위해 X-레이를 사용하여 방사선 노출로 지속적인 뇌손상을 일으킬 수 있었는데, 지금은 대부분 자기공명영상으로 대체되었다.

두개골 표면 측정기술들

뇌파 측정을 할 때 브레인 웨이브가 아닌 3차원적으로 뇌활동을 실제로 보면서 측정하는 방법이 나왔다. 전극을 머리와 두피에 배치하여 뇌활동을 측정한다. 일반적으로 불면증이나 수면 시에 촬영되는 기술인 EEGs로 뇌졸중 및 뇌종양이 존재하는지, 간질이 있는지를 읽는다. 또 뇌자도MEG는 두뇌의 전기 흐름에서 발생하는 자기장을 측정하는 방법으로 MEG 뇌파를 사용하는 대신에 깊숙한 곳에서 일어나는 현상을 찾아낸다.

뇌 칩 임플란트 테크놀로지

뇌 칩 임플란트 테크놀로지Neurodevices는 어떤 장치나 칩을 넣어 두뇌를 모니터하고, 두뇌활동을 조절하는 데 사용된다. 파킨슨병에 대한 치료로 임상 사용할 수 있는 몇 가지 기술이 개발되어 있다. Neuromodulation neurodevices는 신경의 화학적 반응을 읽는 새로운 기술로 모든 장치가 네트워크에 연결되어 반응이 측정되며 신경 이식도 가능해졌다.

유전자/세포치료

세포치료가 가능해지고 있다. 또 두뇌에 영향을 미치는 유전자 능력을 조사하고 있다. 나노입자 벡터를 조작하고 두뇌의 능력을 개선하는 새로운 기술이 연구되고 있다. 전반적인 건강과 질병에 대한 저항력, 유전자가 하는 일, 두뇌의 줄기세포를 찾는 일이 진행되고 있다.

IQ를 높이는 두뇌기술

감각을 인식하고 지식을 저장하는 메모리, 순서대로 생각하고 움직이는 뇌 역할, 공간의 이해, 균형감각 등에 관한 연구가 진행되고 있다. fMRI나 실시간으로 볼 수 있는 MRI 촬영으로 뇌활동을 볼 수 있다. 이것을 바탕으로 두뇌가 어떻게 사람이 살아가는 환경을 인지하고, 어떻게 다양한 스트레스를 이겨나가며, 장애가 발생하면 어떤 반응을 하는지 연구 중이다.

뇌의 신경활동과 신진대사와의 연결관계, 인간의 생리 및 대사 활동과 두뇌의 역할, 특정 조건하에 두뇌의 어떤 부분이 어떤 역할을 하는지 등을 연구하면 학습 능력을 강화할 수 있다. 두뇌의 역할 부분이 밝혀지면 무통치료를 할 수 있는 등 두뇌공학의 미래 영역은 무궁무진하다. 두뇌 맵핑의 효율성을 알면 시험을 잘 칠 수 있게 만들 수도 있으며, 거짓말을 탐지하는 새로운 방법도 개발될 수 있다.

TMS기술

TMS기술은 성격장애환자에 대한 잠재적인 치료기법으로 이미 다양하게 사용되는 기술이다. PTSD나 편두통을 비롯한 기타 뇌 질환에 사용되고, 더 많은 정보를 해킹하는 기술로 두뇌의 인식과 환자의 사고를 변경시켜주어 질병을 치료하거나 예방할 수도 있다.

6
저출산의 재앙,
2305년 한국 인구 5만 명

출산장려운동을 펼치는 나라에서 하는 캠페인들은 각양각색이다. 호주는 현재 출산율이 1.76명인데 현 인구를 보존하려면 2.1명이 되어야 한다. 그래서 플레이 투업Play 2up이라는 캠페인을 시작했다. 플레이 투업은 병사들이 좋아하는 게임으로 호주의 현충일 날, 군인들이 동전을 던져 앞뒤를 맞추면서 내기를 하는 게임이다. 2명 이상이란 말과 투업2up이라는 말이 같아서 현충일 날(안작데이) 2명 이상 아이 낳기 운동을 시작한 것이다. 퇴역군인들이 고령화사회에 부양인구가 줄어드는 것을 걱정하여 시작한 이 캠페인은 국가적인 호응을 얻었다. 2006년 4월 25일 현충일 날 그들은 대대적으로 신문 방송과 함께 캠페인을 벌였고, 2006년 4월 29일에도 대대적인 행사를 벌였다. 그 결과 1.72명이던 출산율이 1.76명으로 늘었다.

싱가포르는 '로맨싱 싱가포르Romancing Singapore'라는 이름으로 캠페인을 벌이고 있다. 말 그대로 사랑을 많이 하라는 의미다. 캐나다는 출산장려 장관을 두고 '더 많은 아이More Babies' 캠페인을 벌이고 있고, 러시아는 '임신의 날Making Love Day'을 정해 출산율을 높이는데 열을 올린다. 유엔은 2050년이 되면 현재 1억 4,000만 명인 러시아의 인구가 3분의 1로 줄어 4,700만 명이 된다고 예측했다.

여기에 충격을 받은 푸틴 대통령이 2006년에 국민에게 성명을 발표하고 출산장려운동을 한 결과, 2007년에는 인구감소율이 많이 줄었다. 존슨앤드존슨 유아용품 회사에서도 '아이 키우는 기쁨'이라는 캠페인을 벌이고 있다. 유럽인구는 1960년대부터 감소 중인데, 현재 5~15%인 이민인구가 2050년이 되면 15~30% 정도로 증가하여 유럽은 이민자들의 땅이 되고 말 것이다.

유엔미래포럼에서는 현재 70억인 세계인구가 2050년에는 90억으로 증가하고, 2100년에는 55억, 2150년에는 36억으로 감소할 것이라 예측한다. 데릭 우드게이트 사장은 〈인간의 자식〉이란 영화를 예로 들면서 2017년의 미래사회 모습은 파괴력을 지닌 불치의 질병, 핵전쟁, 대규모 인구이동, 불임, 파시즘, 무정부가 온다고 한다.

그 이유는 사회의 질서가 무너지기 때문이며 이로써 말로만 듣던 인간의 종말이 올 수도 있다고 경고한다. 영화는 핵물질 환경오염 등으로 모든 인간이 불임이 되고 18세의 가장 젊은 아이가 사망하면서 시작한다. 그런 와중에서 한 흑인 여성이 임신을 하게 되자 살아남은 각 종족들이 그녀를 납치하려 하면서 이야기는 흥미를 더한다. 〈인간의 지식〉은 불임에 의해 미래사회가 소멸할 수 있음을 보여준 영화다.

제2차 세계대전 이후 베이비붐 세대에 미주에서는 3.5~3.7명, 유럽에서는 2.3~2.5명 정도 되던 출산율이 1960년대에 2명 이하, 1970년대에 1.2~1.8명 이하로 떨어졌다. 이러한 저출산은 자본주의 경제가 노동을 상품으로 보는 것에서 시작한다. 노동을 팔기 위한 이동성 강화로 가족이 약화되고 가족구조가 3대 이상 이루었던 대가족에서 핵가족으로, 다시 독신으로 넘어가면서 저출산은 더욱더 심각해지고 있다.

모든 서구 국가에서 온갖 저출산 지원정책을 펼쳤지만 출산율이 2.1명으로 올라간 나라는 미국뿐이다. 하지만 그것도 이민으로 올라간 수치다. 다른 선진국은 대부분 1.1~1.8명 정도 수준이며 한국은 출산율이 1.08명에서 1.13명으로 약간 올라갔으나 최저출산국에 속해있다.

급기야 옥스퍼드인구문제 연구소의 데이비드 콜먼 교수는 지구촌에서 사라지는 최초의 국가로 한국을 꼽으며 '코리아 신드롬'이라고 명명하였다. 유엔미래포럼은 2305년 정도에 한국에는 남자 2만 명, 여자 3만 명 정도만 남을 것이라고 예측했다.

지난 37년간 선진국들은 출산장려운동으로 대부분 출산수당 지급, 육아보육지원, 육아휴가 연장, 탁아시설 확충 등 획기적인 재정지원을 했지만 출산율은 올라가지 않았다. 그 이유는 자식에 대한 인식이 변했기 때문이다. 농경시대와 산업시대에 자식은 '자산'이었으나 정보화시대가 오면서는 자식을 '비용'으로 받아들인다.

또 자본주의의 발달로 인간의 노동이 상품화되어 가족이 해체되고, 혼인율이 낮아졌고, 서비스산업이 중심이 되면서 이동성이 강화되어 정착에 대한 불안이 생겼기 때문이다.

출산율에 관한 각국의 노력은 현재의 출산율을 유지하려는 목표를 안고 있다. 낮은 출산의 대응방안으로는 인공수정 등의 과학기술을 불임치료의 목적으로 사용하는 것과 정부의 다양한 출산장려지원책 마련 등이 있다.

하지만 데이비드 콜먼 교수는 각국의 출산장려운동 역사에서 출산을 위한 재정정책의 효과는 미미했다고 밝혔다. 그는 저출산 대책으로는 국민에게 출산의 중요성과 민족보존의 중요성을 알리는 홍보만이 효력이 있다고 말한다.

그동안 유럽은 저출산 해소를 위해 다양한 노력을 하였다. 특히 북구 유럽에서는 저출산 해소를 위한 다양한 가족지원정책을 제공했지만, 실제로 출산율이 높아진 나라는 거의 없다. 호주의 경우를 살펴보면 다양한 가족지원정책이 진행되고 있고 특히 미혼모 즉 싱글맘지원, 이혼, 재혼가정 지원, 고령인구지원 등이 온라인화, 원스톱 시스템화되고 있음에도 출산율은 높아지지 않고 있다.

스웨덴은 육아휴가를 8년간 사용할 수 있으며 390일까지는 월평균소득의 80%를 지불한다. 아버지 또한 480일의 정규휴가를 나누어서 사용할 수 있게 했다. 하지만 출산율은 늘어나지 않았다. 단지 이민이 활성화된 국가는 청장년노동력을 위해 받는 이민 중 저개발국가 국민의 높은 출산율로 평균출산율이 약간 높아질 뿐이다.

모든 수단을 다하여 출산율을 높이려 하지만 자본주의의 발전과 노동의 상품화, 이동성 강화의 대안은 없다. 다만 인류에게 출산의 중요성을 호소하는 교육 프로그램의 개발과 선진국의 경우 출산율과 노동력 보충을 위한 인간의 심성에 호소하는 방법을 택하고 있는 정도이다.

우리나라도 'I Love you, two' 운동을 벌이자. 서로 헐뜯고 비난하는 사회에 'I love you, two' 라는 캠페인 구호에는 이중의 뜻이 있다. '나도 당신을 사랑해요' 그리고 '사랑으로 두 명을 만들자'는 의미이다. 사랑으로 하나가 아닌 둘을 사랑하자는 이야기다.

'I love you, two' 운동은 아이들에게 서로 싸우지 말고 사랑하라는 뜻과 두 명이면 좋겠다는 뜻도 있다.

7
미래학자가 20년 전 예측한 '섭섭한 세상'

　한국 30대 이하 젊은 층의 사망원인 1위는 '자살'로 집계될 만큼 우리 사회는 자살신드롬이 만연하다. 특히 브레이크 없는 유명인의 자살이 이어지고 있다. 미래학자들은 몇 년 후에 다가오는 후기정보화시대는 '드림 소사이어티', 즉 이미지를 먹고사는 세상이라고 말한다. 유명인에게 이미지는 그 사람을 대변할 정도로 중요하게 여겨진다. 이들에게 이렇게 중요한 평판이나 악성루머가 인터넷이라는 공간을 통해 너무나 쉽게, 너무나 빨리 확인되지 않은 채 퍼진다. 그리고 이것은 그들에게 감당할 수 없는 무력감과 정신적 상처를 주고, 이는 자살로 이어진다.
　톱 탤런트 최진실 씨의 사망 사건을 수사 중이던 경찰은 '섭섭한 세상'에 대한 고통을 빽빽이 기록한 최씨의 일기장을 발견했다고 한다. 그의 일기장에는 '나는 외톨이, 왕따, 도무지 숨을 쉴 수가 없다.'라는 등 하루하루의 활동과 '섭섭한 세상'에 관한 느낌이 적혀 있었다. '사이버 주홍글씨'라는 이름이 붙는 네티즌 한명 한명의 송곳 같은 글은 '아이는 장난으로 연못에 돌을 던지지만 그 돌을 맞은 개구리는 사망한다'는 이솝우화 이야기를 연상케 한다.

한국에서는 자살자가 2000년 6,437명에서 2007년 1만 2,174명으로 8년 동안 매년 평균 13%씩 두 배 가까이 증가한 것으로 드러났다. 연도별 현황을 보면 2000년 6,437명에서 2001년 6,907명, 2002년 8,612명, 2003년 1만 897명, 2004년 1만 1,491명, 2005년 1만 2,010명, 2006년 1만 652명, 2007년 1만 2,174명으로 전년대비 증가율에 있어서 2002년 25%과 2003년 27%에 증가한 후 조금씩 둔화되다가 2007년 큰 폭으로 증가했다. 특히 여성자살자가 급증하고 있다. 2000년 1,961명에서 2007년 4,427명으로 2.3배 증가했으며 남성자살자는 2000년 4,476명에서 2007년 7,747명으로 1.7배 증가했다.

외국의 미래학자들은 1990년대 인터넷이 활성화되면서부터 인터넷의 장단점을 예측했다. 그들은 인터넷이 집단지성을 통해 지식을 승화시켜서 더 많은 사람이 긍정적인 일에 머리를 보탤 수 있는 장점이 있지만 엉뚱한 악플(악성댓글) 등으로 사회문화나 진실을 손쉽게 왜곡할 수 있다고 경고했다. 그런데 초고속망이 가장 많이 깔린 한국에서 이러한 미래사회의 단점이 가장 먼저 나타나고 있으니 모두 한국을 주시하라는 이메일이 떠돌고 있다. 외국의 미래학자들이 악성루머, 사이버 주홍글씨나 사이버 마녀재판이 판을 치는 한국의 '섭섭한 세상'을 연구하여 자신들은 우리의 전처를 밟지 않겠다는 것이다.

한국은 미래사회의 문화변화로 1등을 하는 분야가 많다. 촛불시위가 그렇고, '섭섭한 세상'이 그렇다. 사이버 공간에서 이렇게 무시무시한 사태가 계속되면 사회가 흉흉해지면서 서로 불신하게 된다. 자살이라고 경찰이 발표를 해도 국민이 전혀 믿지 않기 때문에 점차 국민이 정부의 권위를 전혀 신뢰하지 않는 무정부상태로 간다는 예측이 있다.

핀란드 의회의 100주년 기념논문집인 〈민주주의의 미래 2017년〉에서는 2017년이 되면 사회주역으로 들어선 신세대들이 의회나 국가가 제정하는 법률조차 무시하는 걷잡을 수 없는 행정 불능의 국가, 목소리가 큰 소수민주주의의 시대로 간다고 보았다.

복지부는 악플이나 루머, 자살관련 사이트 등 유해정보를 신속히 차단하기 위해 경찰청과 방송통신위원회 등의 관계기관과 대책을 마련 중이라고 한다. 유명 연예인들의 잇따른 자살소식으로 모방자살 현상인 '베르테르효과'가 우려되는 가운데 국회에서도 심각한 사회병리 현상인 자살을 범정부적인 차원에서 예방하고 해결하기 위해 '자살예방 및 생명존중문화 조성을 위한 법률 제정안'을 2008년에 국회에 제출했다.

정부는 자살위험자용 '맞춤형 대책'을 세우고, 국무총리 소속으로는 '자살예방대책위원회', 당 위원회에는 '자살예방대책실무기획단'을 두고, 범국민적 생명존중문화 조성사업, 자살유해매체에 대한 모니터링에 시정권고를 한다고 밝혔다. 그런데 이러한 것은 네가티브 전법으로 자살을 하지 못하게 하는 방법일 뿐이다. 그렇다면 새로운 대안은 무엇이 있을까?

자살예방 대안

사건을 접한 사람들의 첫마디는 "도대체 대한민국이 어떻게 될거야?"였다. 미래사회의 변화, 어느 누구도 한 번도 겪어보지 못한 인터넷의 접속사회, 이 새로운 사회변화에서 불거져 나오는 폐해에 대한 대안을 우리 스스로 만들어야 한다. '안티 악플 사이트'를 만들어 안티 악플 회원을 양성한다. 사실이 아닌 악플은 1,000여 명의 안티 악플 부대가 달려들어 악플을 뒤덮어버리는 것이다.

멍석을 깔아주고 악플을 달게 하는 인터넷포털들에 책임감을 심어주어 포털들이 스스로 부작용을 막을 대안을 만들도록 종용해야 한다. 악플 대신에 긍정적인 미래전략을 짜도록 유도하는 코너가 만들어져야 한다.

미국의 미래연구소The Institute for the Future에서는 최근 전 세계인을 상대로 슈퍼스트럭트 게임을 통해 미래 대안 마련 프로젝트를 시작했다. 이 게임은 세계 최초의 대규모 멀티 플레이어 게임으로 미래를 예측하고, 미래 대안을 만드는 게임이다. 지구촌 인구가 집단지성을 통해 지구촌의 위협과 생존전략을 내는 것이다. 미래학에서는 이미 2000년대에 똑똑한 군중운동이 1960년대 히피운동 이후 사회혁명을 일으키고, 이는 핸드폰 문자메시지, 인터넷, 무선통신, 집단행동으로 이어진다고 예측했다.

2019년이 되면 '글로벌 멸종 인식 시스템GEAS'을 위한 글로벌 호모사피엔스 카운트다운이 시작된다. 1년간 슈퍼컴퓨터 시뮬레이션을 기반으로 글로벌 멸종 인식 시스템을 개발한 미래예측 연구소는 호모사피엔스가 2043년에 멸종한다는 내용을 전했다. GEAS에 '지구의 생존'이라는 목적을 가지고 모든 정보와 자료를 넣어본 결과, 지금 이 상태로 지속되면 2043년에는 지구에 종말이 온다는 것이다. GEAS 시뮬레이션은 경제, 환경, 인구통계의 학적 데이터와 각종 정보를 분석한 것으로 사회적 위험, 환경파괴, 행성 충돌, 종과 종족의 붕괴를 예측했다.

 각 분야별로 국민 전체가 대안을 내는데 정신을 쏟고, 여기서 좋은 대안은 정책으로 승화되면서 좋은 아이디어는 상업화가 될 수 있도록 포상을 주는 방안이 있다. 대한민국의 똑똑한 국민이 지구촌의 과제를 풀어나가는데 최전선에 섰다는 사실도 중요하지만, 대안을 생각하다 보면 악플러가 될 시간이 없어지고, 그것이 습관화되면 악플에 관심을 잃게 된다. 네티즌의 악플 에너지를 지구촌 대안을 내는 긍정적인 에너지로 가도록 길을 터줘야 한다. 긍정적인 에너지로 쓸 수 있게 장을 마련해야 할 것이다.

FUTURE
FORECAST
REPORT

미래예측보고서 3

교육의
뉴패러다임이
도래한다

종이교과서 가고 태블릿이 온다
왜 이공계는 뜨고 인문계는 야위갈까?
2020년엔 현존 직종 80%가 소멸한다
2015년에는 15세에 대학 들어간다
옳은 집 옳은 마음, 내모 집 내모 마음
미래사회에 최대의 돈벌이는 교육보험이다
미래사회에는 열공민 하면 망한다

1
종이교과서 가고 태블릿이 온다

글로벌시대에 가장 먼저 글로벌화되는 분야는 금융과 교역이다. 그다음은 정치다. 이미 유럽연합EU 정부, 의회가 만들어지고 유로존 통합 재경부를 만들고 있듯이 2015년쯤에는 아랍권, 남미권, 북미권, 아시아권 등의 정치가 글로벌화, 융합될 것으로 예측된다. 또한 다국적기업의 증가로 2020년에는 한국 대학을 졸업한 학생들의 절반 이상이 다국적기업이나 글로벌 일자리를 찾아나설 것이다. 이때 글로벌 일자리에 맞는 인재를 만들기 위해 글로벌교육, 세계시민교육 등이 부상하면서 교육 및 커리큘럼의 통합이 이뤄진다고 본다. 각국의 교과서가 아닌 세계 교과서를 미디어북에서 가져와 읽고 엄청난 지식 속에서 어떤 제품, 서비스, 프로젝트, 이론을 만들까를 생각하게 된다. 그리고 2025년이 되면 글로벌 사회문화융합이 일어난다고 본다.

전자책e북이나 디지털북은 이미 고전이다. 미국 캘리포니아 주는 교과서를 아이패드로 가지고 오겠다고 발표했고, 말레이시아는 미디어북을 만들고자 한다. 미디어북은 교과서를 실시간 업데이트하며, 새로운 과학발명과 새로운 지식을 매초 단위로 반영하고 개선한다. 수많은 부교재, 참고서 등 학생들에게 선택권을 주는 패디도 만들었다. 다양한 콘텐츠는 이미 준비가 끝난 상황이다.

2020년에 다가올 글로벌교육을 위한 집단지성이 부상하고 있다. 이는 더 많은 정보, 더 정확한 정보, 더 빠른 정보를 원하는 현대인의 습성 때문에 일어날 수밖에 없는 현상이다. 집단지성의 대표적 사이트가 위키피디아다. 그렇다면 위키피디아는 신뢰할 수 있는 정보인가? 다양한 구성원으로 이루어진 집단지성에서는 신뢰보다 다양한 생각을 얻어야 한다. 하지만 요즘 학생들은 10년 된 교과서나 30년 된 교수의 지식보다 위키피디아를 더 신뢰하는 경향이 있다. 그들은 교사나 부모보다는 검색에 묻고 위키피디아에 묻는다.

신뢰할 수 없는 검색의 대안으로 콜리전스가 나왔다. 콜리전스는 말레이시아 총리실의 지원으로 세계 각국 최고의 소프트웨어 전문가들이 모여 만든 대답엔진이다. 콜리전스는 모든 웹사이트, 페이스북, 블로그, 트위터 등 실시간 소셜네트워크를 검색하여 질문에 대답을 해준다. 각국이 개발에 혈안이 된 콜리전스는 구글의 검색엔진이 단어로 질문을 하면 수백만 건의 관련 글들을 찾아주지만 수업 시간 내에 수백만 개의 검색된 글을 읽을 수는 없다는 점에서 착안한 것이다.

세계가 패디, 콜리전스 등의 교육개혁을 꾀하는 이유는 이제 한 나라에서만 일자리를 찾는 것이 아니라 세계를 돌아다니면서 일을 해야 하기 때문이다. 이제 교육도 변해야 한다. 인간은 끊임없이 좋은 일자리, 자신에게 맞는 일자리를 찾아다닌다.

또 인간은 자신의 두뇌 향상을 끊임없이 꾀한다. 그래서 말레이시아에서는 뇌 기능 향상과 집중도를 높여주는 나디NADI라는 기기를 학생들에게 나눠주기로 했다. 나디는 뇌공학, 신경과학기술과 소프트웨어를 연결하는 다리 역할을 하는 기기다. 사용자의 뇌파 정보가 디지털화되어 태블릿과 서버와 상호작용하며 이러한 정보들이 축적되어 다양한 성과지표들이 부모와 교사에게 전달되고 활용되도록 하는 기능이 있다.

교육 훈련과 뇌파를 통한 피드백을 가능하게 하고 아날로그적 뇌파를 디지털화시켜 태블릿과 서버에 정보를 전달하고 소통하는 뇌 훈련으로 뇌 기능 향상이 가능하다. 실제로 나디는 뇌 훈련을 통해 행동장애, 과잉행동 등의 지적장애를 가진 아동들의 뇌 기능을 향상시켜주며 미국에서 식품의약국FDA 승인을 받았다. 앞으로 뇌 훈련을 통해 더 창의적이고 더 논리적인 학생들이 글로벌 일자리를 찾게 될 것이다.

2
왜 이공계는 뜨고 인문계는 하락할까?

미래사회에는 이공계가 부상할 것이다. 인문계는 소멸하지는 않지만 학교 교과과정으로 배우기보다는 평생교육원 등에서 온라인으로 수강하게 된다. 하먼 박사는 '팬 시나리오 분석기법'을 통해 미래에는 대학교육이 대부분 이공계나 의료보건, 생활과학, 기후변화, 사회복지 등 현실에서 사용되는 자질과 기술에 치중하게 된다고 밝혔다. 또한 미국의 초·중·고등학교는 과학, 기술, 공학, 수학에 집중할 것이다. 과학기술변화가 사회변화를 이끌고 있기 때문에 이제는 한두 명의 과학자가 아니라 국민 전부가 한 가지 전문 분야를 가지고 있어야 하기 때문이다.

농경시대 오로지 7,000년 동안 공학교육은 존재하지 않았다. 산업시대 200년간 공학교육은 각 국가의 부를 창조하는 산업 일꾼을 키우는데에만 목적을 두고 제조업의 밑바탕이 되었다. 산업화시대가 끝나고 정보화시대 50년간 공학교육이 홀대를 받는 분위기이지만 5~10년 후에 다가오는 후기정보화시대는 의식기술, 뇌공학, 인지공학의 시대가 될 것이다. 여기에 나노, 바이오, IT, 코그노(인지)가 합쳐져 모든 것이 융합하게 되는데, 융합의 기술은 공학교육에서 시작된다. 특히 후기정보화시대를 기후산업의 시대라고도 하는데, 기후산업인 공학이야말로 인간의 복지와 자연환경을 지키는 전문가를 키우는 교육이 될 것이다. 그러므로 후기정보화시대에는 융합하는 공학이 부상하게 된다.

신新경제사회는 삶의 질을 향상시키는 것이 최대의 목표가 된다. 그리고 이 삶을 바꾸는 기술은 공학교육기술에서 나온다. 이것은 결국 문화도 바꾸게 된다. 첨단기술은 공학 없이 연결될 수 없다. 그래서 공학도는 인공위성의 시각인 조감도를 보는 시야 Holistic View를 갖추지 않으면 안 된다. 기술과 기능 그 너머를 보고 지속 가능한 사회, 보안, 사회 인프라 구축, 지역사회 공동체를 결성하는 등 결국 공학도는 사회문제 해결사 또는 미래의 해결사가 되어야 한다는 것이 2010년 11월 21일 국제전기전자기술자협회 IEEE 회의참석자들이 공동으로 지적한 사항이다.

IEEE의 2011년 회장이며 드렉슬대학 컴퓨터공학부 학장인 모세 캄 박사는 "이제 공학교육이야말로 통섭, 프로페셔널리즘, 지속 가능한 사회구성, 리더십, 원활한 의사소통, 팀워크, 기업가 정신을 갖춘 사람을 키우는 교육이 되어야 한다."고 주장했다. IEEE 회의참석자들은 공학교육의 목표는 현실사회의 문제해결이므로 산업개발경험을 교실과 연구소로 가져와 후학을 가르쳐야 한다고 입을 모은다.

그들은 학생이 창의적이고 협동적이며 멀티플레이어가 되고, 지구촌의 각종 전문가 집단과 함께 머리를 맞대고 공동연구를 지향하며 결국 인간의 복지와 환경지킴이가 되도록 교육시켜야 한다고 주장했다. 또한 앞으로는 대학생과 고등학생이 함께 지역사회 발전과 인류공헌 목적의 공학관련 프로젝트를 통한 새로운 제품과 서비스를 개발하도록 해야 한다면서 온라인 교육과정, 스마트폰 교육과정으로의 전환을 주장했다.

공학도는 '미래의 해결사'가 되는 것이 목적이다. 그러므로 공학도는 창조적 엔지니어링으로 인류 혜택, 삶의 질 향상, 지구촌의 발전과 보존에 역점을 둬야 한다. 의사는 10년 이상 인턴의 낮은 보수로 고행하지만 의사라는 직업에 자부심을 느끼듯 공학도도 공학을 외부에 화려하고 멋있게 알리는 홍보전략이 필요하다. 많은 젊은이가 공학도나 과학자가 되도록 홍보나 이미지로 흡인하는 노력은 공학계 내에서 진행되어야 할 중요한 임무일 것이다.

공학도가 취득해야 하는 기술

미래의 공학도는 분석적 사고, 시스템 사고, 통섭의 프레임 속에서 공동작업, 협업하는 능력, 자연환경 보전, 지속 가능한 사회라는 패러다임에 걸맞은 가치관을 갖춰야 한다. 공학도의 최대 과제는 물 부족, 환경오염, 신재생에너지개발, 과학기술 발전 등 지구촌 15대 과제를 해결하는 유엔미래포럼의 미션처럼 지구공동체 과제를 다루는 것이다.

이러한 인프라 개혁과 발전을 통해 미래의 공학도는 민주주의 발전, 국제범죄 해결, 국제질병 예방, 여성아동 빈곤 문제해결, 장기적인 정책개발, 의사결정 역량 강화, 지구촌 문제해결사의 역할까지 수행하며 공학도면서 인문학도의 자질까지 겸비하게 될 것이다.

공학교육은 이제 한 회사, 한 국가를 위한 프로젝트를 수행하는 것이 목적이 아니라 지역사회 지구촌 공동체의 행복, 다국적, 다민족, 지구촌 인류의 공익을 위한 제품과 서비스 개발에 목표를 두어야 한다.

미래학자들은 미래사회의 인문계의 소멸이나 진화를 예측한다. 빌 할랄 교수는 "수명연장으로 2030년이 되면 평균수명이 130세가 되거나 2035년에는 영원한 수명연장도 가능해질 수 있다."라고 밝혔다. 그러면서 그는 과학, 공학, 수학을 어릴 때 가르치고 철학, 사회학, 인문계통의 학문은 온라인으로 스스로 배울 수 있도록 해야 한다고 주장했다. 철학이나 사회학은 어느 정도 사회경험을 한 후에 이해할 수 있다는 것이다. 이러한 인문학은 평생교육으로 전환된다는 전망이다.

기술변화가 너무나도 빠르기 때문에 공학은 매일 그 내용이나 기술이 바뀐다. 제롬 글렌 유엔미래포럼 회장은 매주 새로운 정보를 업데이트하고 지속적인 탐구, 지식에 대한 욕구 등 동기유발을 시켜주는 공학교육의 전략이 필요하다고 주장한다. 그는 유년기 아이들에게 수학과 과학을 중점적으로 가르쳐서 공학도와 과학자를 많이 배출하는 국가가 결국 기술왕국에서 부국으로 전환된다고 주장한다.

공학교육은 맞춤교육, 특수 자질 갖추는 교육

2004년 바르셀로나 선언문에서 반 데르 비어 박사는 공학이 지속 가능한 발전에 왜 중요한가라는 질문에 "세상은 이제 다른 공학도를 원한다. 의사결정 능력의 역량이 강화되었으며, 장기적 시스템적 접근을 시도하고, 도덕과 윤리를 공덕으로 무장이 된 평등주의 사회통합을 이끌어나가는 지도자, 조감도의 시각으로 내려다보는 큰 그림을 보는 융합, 통합을 목적으로 하는 사회 통찰력을 갖춘 전문가를 원한다."라고 말했다.

한마디로 공학도는 지속 가능한 사회를 꿈꾸는 엔지니어가 되어야 한다는 것이다.

미국공학기술평가위원회 Accreditation Board for Engineering and Technology USA, ABET는 공학도의 자격증에 공학도의 품격을 다음과 같이 규정하였다.

- 정치, 경제, 사회, 환경, 도덕, 의료보건, 안보, 지속 가능한 사회를 만드는 인류의 욕구와 희망을 성취시켜주는 시스템, 기술을 디자인할 수 있는 능력을 가진 자
- 전문가로서 사회 공동체에 대한 도덕적 책임감을 이해하는 자
- 글로벌 경제 환경과 사회적 문제의 해결사로서 공학도가 필요한 다양하고 폭넓은 시각의 교육을 받은 자

또 바르셀로나 선언 2004 EESD에서는 공학도의 자질을 다음과 같이 규정하였다.

- 공학이 사회와 환경을 지역사회와 지구촌을 어떻게 연결하고 통합시키는지에 대한 이해력을 갖춘 자로서 지구촌의 새로운 도전, 위협과 미래예측을 통한 메가트렌드를 읽어 새로운 문제를 미리 해결할 수 있는 미래예측기술을 익힌 자
- 다양한 문화, 정치, 사회의 본질을 이해하고 차이와 다름의 중요성을 이해하며 이를 융합하고 화해시킬 수 있는 능력을 가진 자
- 통섭, 다문화, 멀티플레이어로서 현재의 기술을 응용하여 지속 가능한 삶을 영위하는 방법, 자원 활용성 및 효율성 강화, 환경오염 탄소저감, 쓰레기 관리 능력을 갖춘 자

공학도가 공부해야 할 과목들

이처럼 공학도는 디자인하고 기계를 조작하는 사람이 아닌 지구촌 문제해결, 탄소저감, 사회갈등 봉합, 의사소통전문가인 멀티플레이어가 되어야 한다. 그러므로 공학교육에는 다양한 커리큘럼이 들어가야 하며 공학만이 아닌 사회성, 도덕성, 창의성이 있는 만능일꾼을 목표로 교육해야 할 것이다.

다양한 툴 이용이 가능한 자로 우선 언어가 능통해야 하고, 사회적인 문제 심벌 현상을 읽을 줄 알아야 하며, 정보나 지식을 즉각 흡수하고 이해해야 한다. 기기나 기계를 잘 다룰 수 있어야 하는 것은 물론이다. 또한 어학, IT, 과학은 필수이며 다문화에 대한 이해도 중요하고, 지구촌 각종 인종과의 대화, 친화력이 중요하므로 다문화관련 과정이수도 중요하다.

타인과의 의사소통이 중요하므로 의사소통기술, 협동협업 팀워크는 기본

이다. 협업 능력, 팀으로 협력을 이끌어내는 지도력, 갈등해소와 대안을 제시하는 능력을 갖추고, 의사소통을 통한 발 빠른 행동개시와 추진력, 상황 판단력이 있어야 한다. 또한 생애주기 계획을 짜고 실천하는 능력, 개인의 행복 추구력, 타인의 권리를 존중하고 스스로 흥미와 동기유발이 가능하도록 마인드를 갖추는 능력, 인류의 욕구를 이해하는 능력 등을 갖춰야 할 것이다.

3 2020년에는 현존 직종의 80%가 소멸한다

 미래학교는 정보나 지식전수의 장소가 아니라 커뮤니티 삶터, 사회문제 해결의 장소, 새로운 삶의 기술을 배우고 경험하는 장소여야 한다. 그러므로 가장 중요한 것은 미래사회변화, 미래예측과정이나 미래진로지도라는 과목의 신설, 특히 중고등학교에서는 미래사회변화를 타 국가처럼 학교의 교과목으로 신설하여, 학생들이 자신들의 일터와 삶터가 되는 사회의 변화, 특히 과학기술 발전의 변화를 알고 더 이상 필요 없는 기술이나 지식을 얻는 것보다 새롭게 변화하고 진화하는 과학기술과 산업, 사회생활기술, 팀워크 등을 배워야 한다.
 말레이시아사이언스대학(과기대)에서 진행하고 있는 말레이시아 교육개혁안처럼 국어, 영어, 수학, 과학, 생물, 화학, 지리, 윤리, 도덕 등의 과목을 과감히 문제해결 능력, 분석적 사고, 창의적 사고, 팀워크, 리더십, 의사소통기술 등으로 바꿔야 한다. 이렇게 하기 위해서는 대학교의 학과를 조절하거나 대학학과는 그대로 진행하되 통합, 융합, 통섭의 문제해결 능력, 분석적·창의적 사고, 의사소통기술 등의 과정을 따로 신설하여 이런 과목을 반드시 교직과목으로 이수하도록 해야 한다.

미래학교는 평생학습사회체제하에서 커뮤니티 학습시설의 역할이 강조되면서 지역주민들에 대한 개방성이 확대될 것이다. 인구감소로 인해 기대되는 학교의 역할, 주변 환경 등의 요인에 따라서 다양한 학교의 형태가 나타날 것이다. 국제화, 개방화, 다문화의 심화로 인해 미래학교에는 구성원의 배경이 인종적, 문화적, 종교적으로 보다 다양해질 것이다. 첨단기기 센서 칩 등의 장비가 활용되고 안전사고 예방과 출입자에 대한 검색과 인증이 강화될 것이다. 유비쿼터스 환경을 기반으로 언제 어디서나 학습이 가능한 시설과 인프라를 기본으로 제공하며 학교 밖의 다양한 인적·물적 학습자원과의 연계를 통한 학습이 활성화될 것이다.

기후변화 교육이 국어, 영어 정도의 비중으로 부상하게 되고 에너지절감형, 친환경 건축자재의 사용 등이 강조되면서 미래학교의 건물은 생태친화적인 학습 환경을 제공할 것이다. 평생학습사회체제하에서 커뮤니티 학습시설의 역할이 강조되면서 지역주민에 대한 개방성이 확대될 것이다. 또 개방화의 역기능을 최소화할 수 있도록 학습자의 안전보장이 강화된다.

미래의 학교 공간 구성은 가변성과 융통성이 중시되며 학교 운영의 자율성이 강화된다. 교육행정의 지능화와 스마트워크체제 도입에 따라 행정업무의 부담이 경감될 것이다. 한 명의 학습자가 하나 이상의 다양한 기기를 통해 언제 어디서나 자유롭게 학습자원을 활용할 수 있게 된다.

미래사회에는 일자리 변화를 학교에서 알려줄 것이다. 2020년에는 현재 존재하는 직종의 80%가 소멸하고, 현재 10개 정도의 일자리를 거쳐 은퇴하던 사람들이 40개의 일자리를 갖는 멀티플레이어에 다양한 기술 직종 서비스 능력을 가진 사람을 원하게 된다. 미래에 변화하는 사회에 맞는 일자리를 학생에게 미리 알려주기 위해서는 미래 메가트렌드를 알려주고 부상산업과 부상직종을 알려주지 않으면 안 된다. 일자리 변화에 대한 다양한 연구가 필요할 것이다.

미래에는 시공간 초월 학습이 이루어진다. 미래학교는 학생들이 학교에 모이는 것이 아니라 사회 속의 커뮤니티 학습, 트위터나 페이스북 온라인 학습 등을 통해 중요한 것은 대부분 가장 업데이트된 교육포털에서 배울 것이다. 그리고 학교는 스킨십, 팀워크, 공동체생활, 나눔의 기술, 의사소통 기술, 문제해결 능력이나 경험, 다양한 과학공동실험 및 기기, 기구, 기계 소프트웨어나 로봇언어를 연구하는 등의 신상품 1인 기업 1인 창업, 새로운 일자리에 대한 연구, 공동프로젝트를 함께하는 장이 될 것이다.

과학기술 발전의 활용이 교육내용의 절반 이상을 차지하게 된다. 로봇, 센서, 교과서 칩 등 새로운 기술을 배우는 데 더 많은 시간을 활용한다. 실제로 미국의 초등학교에서는 계산기 사용법, 아이폰 사용법, 트위터나 페이스북 등 소셜네트워크 사용법, 포토샵이나 다양한 새로운 어플 사용법 등에 더 많은 시간을 활용한다.

기초 지식도 중요하지만 당장 사회에 나가서 사용할 수 있는 기술을 기본적으로 배우고, 그런 기기를 자신의 신체 일부처럼 활용할 수 있는 기술을 배운다. 로봇과 대화하거나 활용하는 방법, 인공지능과의 협력하는 방안, 센서나 칩을 몸에 심은 학생과 심지 않은 학생을 분리해서 교육을 시키는 등 대부분의 학습은 사회에서 새롭게 등장하는 현실적인 기기나 홀로그램 등을 이용하여 과학 학습이나 기기개발연구에 많은 시간을 투자할 것이다.

사회변화에 따른 인간연구가 활성화된다. 사회변화에 따른 인간의 종류가 다양해지면서 기기를 많이 심은 트랜스 휴먼과 센서 칩을 심지 않은 일반 휴먼의 사고차이, 의사소통기술의 차이, 심적·행동적 차이 등을 연구하여 진화하는 사회인의 마음을 읽고, 트렌드를 파악하고, 소비자트렌드를 연구해야 한다. 그렇지 않으면 기업이나 기관에서 사회활동을 하는 데 많은 실수나 제약을 받을 것이다. 다양한 인간연구를 위한 심리학이나 신新사회학, 신新사회복지학 등 새로운 인간연구에 관한 주제가 많이 등장하고, 사람을 다루는 기술 분야의 많은 일자리와 교사가 인기를 얻을 것이다.

인구변화와 학생구조변화 연구가 활성화될 것이다. 미래예측의 기본은 인구변화인데, 인구가 고령화되면서 책이나 도서는 활자체가 커지고 음성인식기기의 음성은 커지며 손쉽게 알아들을 수 있도록 변할 것이다. 고령인구 적응 훈련, 고령인구 보건복지과정, 고령인구 연금이나 보험 등의 생활보장 시스템 교육과 같은 새로운 주제가 학교에서 훈련되고 교육되는 시스템으로 변한다.

인구감소가 일어나면 우선적으로 노동력이 감소하여 외국에서 외국인 노동자들마저 더 나은 환경의 서구로 노동이주를 하거나 교육이주를 하게 되고, 대한민국에 외국인 노동자 유입이 줄어든다. 그러면 결국은 여성인구를 비롯한 고령인구와 장애인이 노동력으로 들어오게 된다. 여성인구가 사회산업노동력으로 유입되면 가정에서의 음식이나 식품 등이 자동화되고, 여성인구의 아이를 돌보는 도우미, 가사도우미, 세탁 등을 맡아서 처리해주는 일자리 등 가사노동에 대한 다양한 일자리가 창출된다. 고령인구나 장애인이 노동력으로 흡수되면 휠체어나 장애인 고령인구의 이동을 도와주는 기기, 기구나 일자리가 창출된다.

가족구조변화 이해교육이 강화된다. 1인 가구가 늘어나고 무자녀가정, 핵가정, 동성애가정, 혼합가정 등 다양한 가족구조가 탄생하면서 사회적인 갈등을 겪게 되고 편견이나 선입견을 없애는 학습이나 융합하고 화합하는 자세를 가르치는 사회성교육이 늘어난다. 가족구조변화를 통해 한 부모 자녀나 동성애에 대한 다양한 이해와 사회성 강화를 위한 노력도 지속될 것이다.

가족구조변화에 대해 교과서나 학교의 홍보물에도 반드시 핵 가정을 롤 모델로 그리는 그림이나 사진이 바뀔 것이다. 호주의 경우 시드니 인구분석의 백인, 흑인, 아시아인 등의 비율에 따라 교과서에 그려지는 그림에도 반드시 백인, 흑인, 아시아인을 비율대로 그려 넣어 우연 중에 편견을 갖지 않도록 노력한다. 우리도 이와 같은 조치가 필요할 것이다.

글로벌화, 세계화, 일체화될수록 세계시민교육이 강화된다. 24시간 외국방송을 트위터나 페이스북, TV 등으로 보면서 세계 문화가 통합되고 있는 상황에서 글로벌화된 마인드를 갖추지 않으면 대한민국의 물건을 해외에 내다팔 때 문화차이로 자국에서 팔 때만큼 제품을 팔 수 없는 상황이 온다. A라는 국가에서 대한민국의 물건을 팔기 위해 A국가 사람처럼 상행위를 하거나 세일즈전략을 세우지 않고, 한국인 대하듯 해서는 제품이나 서비스를 팔 수가 없는 것이다.

글로벌화되어 그 나라의 언어나 문화를 배우고 멀티플레이어가 되어 각종 서비스를 제공해야 그 나라 사람들의 마음을 살 수 있다. 글로벌화 교육을 통해 각국 문화의 상행위, 홍보 마케팅전략, 프로젝트, 이론개발 및 지식전수기술 등을 배워야 하므로 다국적, 다문화가 될 수밖에 없는 세상이 올 것이다. 이제 가장 대한민국적인 것이 가장 잘 팔리는 곳은 관광지나 관광상품뿐이다.

4
2015년에는 15세에 대학에 들어간다

　IBM 회장인 토머스 왓슨은 "1943년에 컴퓨터 5대만 팔아보고 죽었으면 좋겠다. 즉 세계 시장에서 5대 정도의 컴퓨터 시장은 존재한다."고 예측했다. 현재 우리는 수십억 만 대의 컴퓨터를 보유하고 있다.

　디지털 이큅먼트 코퍼레이션의 켄 올슨 창립회장은 "누가 컴퓨터를 집에 가지고 가려고……."라고 예측했다. 하지만 현재 우리는 휴대용 컴퓨터를 들고 다닌다.

　이처럼 해당 분야에 있는 사람들의 예측조차 틀리며 누구도 감히 과학과 기술의 발전을 예측하지 못하고 있다. 하지만 레이 커즈와일은 〈싱귤래리티가 가까이 다가왔다 Singularity is Near〉라는 저서에서 컴퓨터가 현재는 쥐의 지능을 갖고 있지만 2025년에 인간의 지능을 따라잡고, 2050년에는 컴퓨터 한 대의 지능이 지구촌 인구 93억 명의 지능을 전부 합친 것보다 더 높을 것이라고 예측했다.

MIT 출신 발명가이자 인공지능과 브레인연구의 대가인 레이 커즈와일은 미래사회의 변화는 이처럼 상상을 초월하며 2030년이 지나면 기하급수적으로 늘어나는 컴퓨터의 지능과 인간의 지능이 합쳐져서 예측할 수 없는 미래가 온다고 말했다.

세계미래회의, 세컨드라이프를 논한다

2009년 7월 15~17일 개최된 유엔미래포럼 각국 대표회의에서의 큰 주제는 미래사회의 변화 중에서도 사이버세상, 특히 세컨드라이프www.secondlife.com로의 이주였다. 모든 미래연구기관과 유엔미래포럼의 회의는 앞으로 세컨드라이프에서 화상 대화로 아바타를 설정하여 진행된다.

두 번째로 이슈가 된 것이 트위터이다. 이제 140자로 한정된 트위터에 옮겨지기 위해 모든 정보는 짧아질 수밖에 없다. 2015년이 되면 대부분의 학교는 세컨드라이프나 놀리지 가든 등의 새로운 가상현실로의 이주가 시작된다고 한다.

말레이시아 정부는 세인스 말레이시아대학을 연구 실행 기관으로 지정하고 니티 디바 교수에게 전공과목의 수정을 맡겼다. 앞으로 초·중등학교에서의 교과목을 현재의 국어, 수학, 과학, 생물, 지리 등에서 문제해결 능력, 의사결정 능력, 비판적인 사고, 창의적인 사고, 의사소통 능력, 팀워크,

리더십 등으로 완전히 바꾸기 위해서는 우선 대학에서의 전공과목을 대대적으로 수정해야 했기 때문이다.

이러한 변화는 '교육의 천지개벽'을 선언하는 것이다. 그리고 이것을 말레이시아, 핀란드 등 몇 개국에서 이미 시행하려는 노력을 벌이고 있다는 점은 시사하는 바가 크다. 이런 결정은 이제 일반적인 과학, 물리, 생물 등의 지식이나 정보는 인터넷에 널려 있기 때문에 단순한 지식습득이나 정보 암기는 필요 없어지는 새로운 시대에 적응하려는 노력이다.

니티 박사는 말레이시아 교육대학에서 신新글로벌 교육시스템 구축을 위한 정부지원 프로젝트의 팀장으로 미래사회의 아이들은 창의성, 지성, 연구개발 능력, 질의응답 능력 등에 중점을 둔 창의적인 학생교육이 필요하다고 말하며 신글로벌 교육시스템의 중요성을 강조한다.

그는 글로벌 이슈에도 밝고 모국의 이슈에도 관심을 보이며 여러 지구촌 과제 중 녹색성장 환경오염, 빈곤국 방글라데시, 인도 등을 돕는 프로젝트인 10억 명 빈곤층 돕기를 하고자 한다.

말레이시아대학은 글로벌 이슈를 전문으로 연구하는 대학으로 새로운 글로벌 미래를 만들기 위해 노력하는 대학이다. 그 첫 단계로 신글로벌 커리큘럼을 만들어 각국이 함께 활용하도록 하고 있다.

그는 대한민국과 동남아 국가들이 함께 협력하여 새로운 커리큘럼을 만드는 것은 아시아로의 권력이동이 시작되는 이즈음 전 세계 초미의 관심사가 될 것이라 확신한다. 신글로벌 커리큘럼에서 세인스 말레이시아대학은 미래예측과 미래연구에 많은 관심을 보이며 이미 미래와 관련된 연구성과를 내고 있다.

그는 국가적인 커리큘럼연구에서 대한민국의 교과부 담당자와 교과정 내용, 교육철학, 평가방법 등을 함께 연구하기를 바란다. 말레이시아가 연구하고 있는 교육변화는 놀라울 만하다. 그들이 바꾸려고 하는 교육시스템은 다음과 같다.

1. 질의응답 및 토론기술, 학습과 연구개발기술을 유치원에서부터 기른다.
2. 미래예측과 미래연구가 유치원교육에서부터 커리큘럼에 포함된다.
3. 지속 가능한 발전을 위한 교육, 특히 과학과 수학에 총력을 기울이는 커리큘럼을 짠다.
4. 강력한 지도력과 세련되고 열정적이며 지구촌의 미래를 지속 가능하게 하는 창의적인 사고에 중점을 두는 교육을 한다.
5. 정보와 지식을 손쉽게 검색해서 활용하는 핸드폰 등 이동식 기기를 활용하는 교육과정을 만든다. 교육이라는 것은 삶의 기술을 배우는 것인데 더 좋고 더 빠른 기술이 나왔기 때문에 학교교육 기간을 줄이는 데 목적을 둔다.
6. 교과정을 5세에 유치원, 6세부터 10년 동안 초·중·고등학교를 마치고, 15세부터 대학입학으로 4년 과정을 마치면 19세에 대학을 졸업한 후 입직하거나 온라인, 가상현실교육을 통한 평생교육을 지속한다.
7. 학생들이 졸업에만 목적을 두는 교육이 아니라 지구촌 10억 빈곤층을 돕는 세계시민교육을 목적으로 한다.
8. 초·중·고등학교 시험은 국제수능 IB Diploma 같은 졸업시험만 보게 하며 일체의 다른 시험은 없앤다.

놀랄 만한 변화를 꿈꾸는 말레이시아는 수년 전에 수학과 과학은 영어로 가르치기 시작했다. 해킹을 해도 영어로 된 사이트를 해야 하기 때문에 영어로 가르쳐야 한단다. 모든 과학기술정보는 사실 영어로 되어 있기 때문이라는 것이다. 이렇게 앞서가는 나라에 인구나 자원까지 풍부하니 인적자원밖에 없으면서도 지구촌 최저출산율인 대한민국 국민의 입장에서는 말레이시아 교육당국이 부러울 따름이다.

5
둥근 집 둥근 마음, 네모 집 네모 마음

 서구사회는 사회통합 다문화를 위한 타원형 건축물을 지원하고 있다. 과거에는 건축설계기술이나 자재가 수월치 않아 네모난 빌딩을 건축했지만 이제는 다양한 건설기법으로 둥근 모형의 건물 건축이 가능해졌고 비용차이가 별로 없다. 그래서 서구에서는 모난 마음이 아닌 둥근 마음을 갖도록 둥근 집, 둥근 빌딩을 올린다.
 미래석학들은 대한민국의 네모난 아파트 문화가 20년 이상 지속되어 한국인의 마음이 모두 네모가 되었고, 그것이 군중행동으로 표출되면서 사회가 더욱더 혼란해지고 있으며, 이대로 고치지 않고 10년이 지나면 대한민국은 평지풍파平地風波를 맞을 것이라고 분석한다.
 주민 정서를 바꾸는 둥근 건축물을 권장할 때가 되었다. 오벌, 타원형 건물을 지어 도심 속 사회통합 정서부터 만들어야 한다. 대한민국의 모든 빌딩은 네모난 모양이다. 둥글게 만들어진 빌딩은 없다. 시골에 살던 시절에는 둥근 산과 둥근 달을 보며 자라서 둥근 마음의 여유를 가질 수 있었다. 하지만 그들의 자손들이 도심의 네모난 성냥갑으로 들어오면서부터 불평불만이 증가하고 반발, 폭동이라는 새로운 현상이 나타났다. 빌딩으로 인한 심리변화는 주로 20~30년 후에 나타나므로 촛불시위는 네모난 성냥갑 속에서 사는 사람들의 일반적인 분노표현 욕구인 것으로 분석된다.

시드니는 코너에 있는 빌딩의 20% 이상이 타원형이다. 고전적 빌딩인 성곽이나 성당, 교회 같은 건물일수록 사람이 많이 쳐다보는 정면에 다양한 둥근 조각이나 디자인을 넣었다. 골목을 돌아가는 곳마다 각진 코너가 아닌 반달형 코너를 의도적으로 짓고 있다고 한다.

대한민국도 한때 집 모양이 둥글었다. 당시에는 민심도 좋았다. 하지만 1970년대 산업화로 새마을운동이 둥근 초가지붕을 뾰족한 지붕으로 개조하기 시작했다. 대한민국의 전통가옥은 대부분 초가집으로 지붕은 둥근 타원형의 짚으로 덮여 있다. 농촌의 풍경을 보면 타원형이 많다. 논두렁도 타원형이고 길도 고불고불하다.

이랬던 대한민국 사회가 각지고 모난 사각형에 의해 변해버렸다. 네모난 빌딩에 얼굴이 베일까봐 무섭다는 외국인도 있다. 사람들의 마음에서 용서가 사라지고 화합이 없고 반목과 불만이 만재하는 것이 이런 사각형 건축물 탓이 아닐까 하고 이에 대해 연구하는 심리학자도 있다.

서구에서는 둥근형인 돔식의 교회나 성당건물이 많고 로마의 콜로세움도 둥근 광장에 사람들을 모아 한껏 즐기고 마시며 불만을 삭이도록 했다.

이것이 민주주의를 오랫동안 지켜온 비결인 듯하다. 돔Dome이라는 말은 둥글고, 크고, 높으면서 많은 군중을 모을 수 있다는 의미다. 로마의 판테온 신전은 130CE에 지어졌으며 43미터나 되는 넓은 공간이다. 모든 스타디움의 원조인 콜로세움은 19세기 이전에 지어진 가장 큰 돔 형식의 건물이다. 타원형 구조인 콜로세움은 로마인들이 광대나 노예의 씨름이나 격투를 보면서 스트레스를 해소하던 곳이다.

타원형 속에서는 사람이 화합하고 즐기며 너그러워진다는 심리분석도 있다. 우리나라 속담에 '모난 돌이 정 맞는다'는 말이 있다. 모나면 사람들이 싫어하고 모난 사람끼리는 서로 반목한다. 푸근함을 선사하고 평화와 화합을 상징하는 타원형 건축물이 많으면 많을수록 사람들의 마음은 너그러워질 것이다.

미래학자들은 각진 주택은 국민의 공동체 의식을 비롯하여 국민의식변화에 지대한 영향을 끼칠 것이며 각진 빌딩을 지속적으로 건설하면 더 많은 촛불시위와 폭동이 일어날 수밖에 없다고 말한다. 리모델링되는 아파트나 보급될 아파트에는 통합사회 발전을 위한 변화가 들어가야 한다. 우리사회 주거와 공간문화 규범이 되어버린 아파트로부터 아파트 문화의 의식전환사업이 필요하다.

외국처럼 '커뮤니티 공유 공간법'을 제정하여 모든 개개 아파트 건물에 일정비율의 커뮤니티 공간을 의무화함으로써 미래사회의 모든 가구에 필요해질 복지와 문화 공간 인프라를 지역사회 통합형으로 구축한다. 이는 링컨이 모릴 법으로 미래의 교육을 위한 농무성과 주립대학을 보급하여 이후 미국이 성장하는 데 교육이 크게 기여하도록 한 것과 유사하다.

대한민국 사회를 안정시키고 사회통합의 글로벌 성공사례로 성장시킬 수 있는 방안으로 커뮤니티 공유 공간을 만들어 고령화사회에 나의 시어머니와 옆집의 시아버지를 한 아파트에서 함께 돌보고, 손자손녀들이 옆집 할머니와 할아버지의 가사도우미가 되어주는 자원봉사, 교육, 문화, 다문화활동 등을 한 커뮤니티 안에서 청노靑老협력을 통해 더 손쉽게 이루어지도록 공동체 아파트를 짓는 것이다. 이것은 미래사회의 큰 문제인 노동력 부족 문제가 해결되고 사회통합과 국민통합이 이뤄지는 윈윈Win-Win의 방안이 될 것이다.

아파트를 개발할 때 각 건물에 빈 공간을 5~10% 확보한다. 용적률 인센티브 등의 도입은 기업과 주민의 피해의식을 줄이고, 정부, 민간, 주민 모두가 윈윈하는 방안이 될 것이다. 빈 공간은 이후 사용을 전제로 배관, 배선 등 인프라 설비를 완료하고, 이 법을 제정하여 그 기술이 더욱 발전하게 되면 빈 공간은 필요시 현장에서 시설을 설치하고 조립식 유니트Unit를 삽입할 수 있게 한다. 빈 공간 소유는 정부, 지자체가 가지고 관리와 활용권은 지역주민이 가지며 여기서 발생하는 이익으로 주민들의 복지를 위해 사용하는 사회적기업을 만들면 된다.

이렇듯 주민조직이 사회적기업을 창조할 수도 있다. 빈 공간의 사용 기능에 따라 아파트 세대 위치로 인한 가격차와 선호도가 달라질 수 있으므로 빈 공간의 위치와 사용 기능은 건물계획단계부터 주민들의 의견을 수렴하여 정한다. 빈 공간에 설치된 새로운 커뮤니티 공간은 필요가 없을 경우 재생과 재활용이 가능하게 한다.

심리학자들은 뾰족한 물건을 오래 보거나 각진 건물이 있는 곳에서 사는 사람과 타원형인 부드럽고 평화로운 건축물을 오래 보고 그러한 공간에서 사는 사람은 인성이 달라진다고 주장한다. 대한민국의 건물은 대부분 뾰족한 사각형이다. 호주 시드니는 대부분 타원형이고, 월로비 시의 시청 민원실은 모든 주민상담의 책상이나 가구를 타원형으로 만들어 놓았다.

미래학자들은 대한민국이 아파트 건축으로 유명하지만 아파트가 전부 성냥갑처럼 네모나서 그 속에 들어있는 사람들의 마음까지 네모나겠다고 걱정했다. 장기간 그런 환경에서 사는 사람들의 생각이 모나고 각지고 통합, 융합하지 않고 불만을 토로하고 과격해질 것이 자명하기 때문이다. 이제 대한민국 국민에게 너그러운 마음을 심어주기 위해 건축디자인 전문가들의 타원디자인교육이 필요할 것이다.

6
미래사회에 최대의 돈벌이는 교육포털이다

캘리포니아 주의 예산지원을 받아 교육포털을 운영 중인 디자인월드대학DesignWorlds for College의 CEO인 테드 칸과 잭 파크는 미래교육은 대부분 교육포털로 갈 것이며, 평생교육에는 포털 이외에 대안이 없다고 단언한다. 이제 젊은이들만 배우는 것이 아니라 60세 이상도 새로운 지식을 배우고 훈련하여 직업을 구하려 하기 때문이다.

포춘 100대 기업의 평균수명이 60년에서 35년으로 그리고 21세기에 들어서는 15년으로 단축되고 있다고 한다. 철강 왕 카네기도 홀 하나 남기고 사라졌고 석유왕 록펠러도 센터만 남기고 사라졌다. 코닥 등 수많은 제조업이 소멸하는데 다국적 기업인 IBM과 MS마저 하락 중이다. 집단지성으로 매일 수많은 개미군단이 지식을 물어다 쌓는 사이버 개미집 위키피디아는 "whoever, whenever, wherever" 즉, 평생교육을 가능케 해준다.

2030년이 되면 평균수명이 100세가 되고 건강한 노년기를 맞이하기 때문에 60세면 은퇴한다는 은퇴용어가 사라지고, 지적 호기심이나 사회공헌 심리로 노인들은 교육을 하게 될 것이다. 온라인 교육의 활성으로 대학에 등록을 하고 한 장소로 모일 이유가 사라지기 때문이다. 호주에서는 65세 이상인 인구의 5%가 1년짜리 VTE인 전문대학에서 나노바이오 소셜네트워크인 UCC 블로그 만드는 법 등을 배워 취업을 도모한다.

과거에는 지식이나 정보를 배우는 사람인 학습자와 제공자가 달랐다. 배우는 사람은 학생이고 출판업자나 교사는 지식제공자, 부모는 비용지불자, 정부와 학교의 경영진과 이사회 등은 정책입안자로 확연히 구분되어 있었다. 하지만 미래사회의 학습커뮤니티는 학생, 정보나 교육 제공자, 재정지원자, 정책입안자들이 서로 지구역사상 처음으로 다가오는 고령화사회, 평생교육 트렌드, 첨단기술사회가 1년마다 바꿔놓는 사회변화 등을 의논하여 효율적인 제도와 시스템을 만들어야 한다.

학교는 산업시대에 가서야 태어났다. 그 이전에는 가족이 모두 들판에 나가 농사일을 하면서 부모로부터 교육을 받았다. 그러다가 산업시대에 부모가 공장으로 나가면서 돌볼 사람이 없어진 아이는 학교라는 곳에 맡겨졌다. 그러나 시대는 또다시 변하고 있다. 정보화와 후기정보화시대로 갈수록 재택근무 등으로 집에서 일하는 사람이 늘면서 홈스쿨이 늘고 있다. 이제는 지식제공자이자 지식창조자가 교사나 현자에 국한되지 않는다. 오늘날의 학생은 지식을 습득함과 동시에 스스로 지식을 만든다. 학습한 지식을 재가공하고 창조하는 것이다.

20세기 초기에는 모든 학생이 공장이나 사무실에서 한 번 배운 기술로 평생을 활용했던 시대였기에 평생교육이 필요하지 않았다. 당시의 지식창조는 아주 소수의 전문가가 만들어낸 지식을 대량 훈련시켰고, 일방적으로 교사가 학생에게 지식을 전수하는 모델이었다. 하지만 정보통신사회로 진입하면서 교육에 주요 변혁이 일어났다. 인간은 완전히 바뀌어버린 일자리와 직업 능력을 위해 항상 새로운 것을 배우고 또 배우고, 적응하고 창조하지 않을 수 없게 되었다.

이미 인간은 남이 생산한 지식을 그대로 흡수하고 외우는 것이 아니라 창의성, 협동, 지식을 이용하여 새로운 일이나 가치관을 다양하게 만들어 나아간다. 미래에는 대부분의 일자리가 더 많은 지식을 만들어가는 분야에 생길 것이다. 미국 정부는 더 이상 남이 만들어놓은 지식을 배우고 흡수하기만 하는 사람은 취업이 불가능하며 새로운 자신의 지식을 만들어내고 협력하여 강화시키고 응용하는 사람만이 일자리를 가질 것이라고 경고했다. 글로벌 지식산업에서 컴퓨터나 멀티미디어 인터넷을 사용하는 학습커뮤니티는 4가지 부류의 관련자가 지식을 창조한다. 지식을 학습하는 학생, 지식제공자인 교사나 교과정 담당자, 정책입안자인 정부, 돈을 지불하는 학부모나 정부, 이 네 그룹은 서로 협동하여 지식을 생산한다.

이들이 만들어낸 지식은 교육포털에 올라가 매일 업데이트되고 진화하며, 교육 분야는 최대의 산업으로 자랄 것이다. 최대접속은 최대권력으로 간다. 이제 한두 사람이 지식을 생산하는 시대는 지났다. 지식은 건설적이고 창의적인 다양한 사회구성원들이 함께 정보를 나누고 협동하는 공동생산의 형태로 만들어질 것이다.

7
미래사회에는 열공만 하면 망한다

 수많은 미래예측 중 가장 정확하고 현명하게 들리는 소리는 미래는 불확실하다는 말이다. 미래학자들은 항상 "미래는 예측이 불가능하다"라는 말과 함께 예측을 시작한다. 그러나 2004년 영국 정부는 미래예측은 정부의 정책과 예산으로 이루어진다고 정의했다.

 그렇다면 영국정부는 어떤 근거로 그렇게 자신 있게 미래예측의 정의를 말했던 것일까?

 실제로 어떤 분야의 미래예측은 비교적 정확하다. 그 예측보다 더 업데이트된 예측이 없기 때문이다. 한번 예측하여 책자로 발간하는 것이 아니라 지속적인 연구의 결과를 온라인에 저녁마다 업데이트하기 때문이다.

 부지런하기만 하면 다양한 정부의 온라인 웹 사이트에서 실시간으로 변하는 미래의 산업, 미래국제질서, 권력재편 등 많은 자료를 수집할 수 있다. 또한 50여 개국에서 미래예측 팀, 본부, 처, 청을 두고 있고 약 80여 개국에서 미래예측보고서 2020, 2025, 2030 등을 발표하고 있다.

선진국 국민의 최대 요구는 미래예측이다. 정부는 국민이 크게 실패하지 않고 바른 길로 갈 수 있도록 지원해줄 책임이 있다. 핀란드 법에는 정부가 새로 집권할 때 15년 후의 미래를 정확하게 예측하여 국민에게 문제 대안과 국가 성장동력을 찾아 '국민에게 바치는 미래보고서'를 내지 않으면 정권을 줄 수 없다고 되어 있다. 이러한 점들을 봤을 때 미래예측 분야는 최대의 미래산업, 미래직종이 될 수밖에 없다.

미래경쟁력은 미래사회변화를 읽어야 한다. 변화가 없던 농경시대와 산업시대에는 미래예측이 필요 없었지만 자고 나면 바뀌는 정보화, 특히 후기정보화시대의 미래변수 읽기는 국가의 과제다. 5년 이내 이윤이 나는 곳에만 투자하는 기업이 장기적인 미래투자를 할 수는 없기 때문이다.

게리 매티슨 박사가 미래인재포럼에서 2001년 발제한 '미래 인적자원 변화: 현재와 미래'를 살펴보면 미래사회는 경제구조가 변화하여 제품생산인 제조업시대에서 서비스산업시대로 가고, 자연자원보다는 인적자원이 중요하다. 그리고 제품 자체보다 제품의 정보지식과 사고, 아이디어가 더 비싼 사회가 된다고 보았다.

글로벌화로 지구촌 통합과 이에 따른 규제완화가 이루어지며, 저출산 고령화로 이민강화가 일어나고, 도시 발전으로 대도시로의 인구유입이 늘어난다. 그리고 고급 인력전문가만 고임금인 시대가 오고 각국의 임금평준화 시대가 오며, 국제교역이 급성장한다고 보았다.

한편으로 사회구조의 다양한 변화가 일어나는데, 지역시장이 세계시장화되고, 제조업 사무직은 서비스 지식산업으로 변하며, 상하 조직이 네트워크 조직화된다. 상관에게 무조건 복종하던 직원들이 왜 자신이 그런 것을 해야 하느냐고 상관에게 질문하고, 직원들에게 안전효율성 조정 능력을 찾던 회사들은 변화, 창의성, 유연성, 팀워크, 리더십을 찾는다.

풀타임 직장은 없고 대부분 프로젝트당 파트타임 일자리만 남으며 사람들 역시 그것을 선호한다. 기업은 대부분 여러 파트타임 네트워크를 가지고 있고, 인력은 아웃소싱해서 업무를 수행한다.

사람들은 고정된 일터에서 다양한 일터로 장소를 옮겨 다니며, 기업이 창출한 일자리가 아닌 국가가 제공하는 사회적 일자리에서 근무한다. 종래에는 일자리를 기업의 창구에서 구하고 대부분의 직장인은 기업에 소속된 직원이었으나 미래는 프로젝트당 매번 고용계약서를 따로 쓰는, 프로젝트 베이스 고용인이 되는 것이다.

프로젝트 매니저가 사람 됨됨이, 충성도, 다양한 사회경험, 자원봉사, 팀워크, 리더십 경력을 본다. 그리고 일자리를 찾아서 공부하던 사람들은 자신의 삶을 찾아서 일을 하는 여유를 가지고, 어려운 이웃과 조금씩 나눠가지는 복지사회로 간다고 예측했다.

이러한 신新사회주의에서는 공부 잘해서 혼자 다 먹는 아이가 아니라 친구들과 조금씩 나눠먹을 줄 아는 사회성 있는 아이가 승리한다. IBM 글로벌 아웃룩 이노베이션 2006은 한 분야만 똑똑하고 다른 사람과 어울리지 않거나 다른 사람들을 화나게 하는 독불장군은 팀워크를 망치고 결과적으로 프로젝트를 망치므로 공부만 잘하고 사회성이 없는 학생은 최대의 실패자로 남을 수밖에 없다고 예측했다. 미래에는 공부 잘하는 아이보다 사회에 기여하는 아이가 승자가 될 것이다.

미래사회는 창의성을 강조하며, 지구촌과제를 연구하고 해결 또는 대안을 찾는 사람들을 요구하게 된다. 지구촌과제 중 가장 우선시되는 것은 '기후변화'이다. 기후변화문제를 해결하지 않으면 태국 방콕이 수개월간 물에 잠긴 것처럼 대홍수, 대지진, 쓰나미, 해수면 상승 등의 우리가 상상할 수 없는 재앙이 닥친다. 공멸할 수 있다는 것이다.

공부만 열심히 하면 모든 것이 해결되는 시기는 지났다. 기후변화에는 CO_2제거가 가장 중요하고, CO_2를 먹고 소화시켜주며 산소를 만들어내는 스피룰리나는 DHA가 풍부하여 아동의 두뇌향상에 큰 역할을 한다. 음식에 넣어서 먹는 가루도 팔고 알약으로도 판매한다. 또한 스피룰리나는 노화예방, 치매예방, 면역성강화, 암예방 등의 효능도 있다. 미래의 인류는 신체의 기능강화를 위한 다양한 노력을 하는데, 아이들에게 스피룰리나를 먹이면 지구촌의 CO_2를 줄여주고 두뇌도 강화시켜주는 일거양득의 효과가 있다.

**FUTURE
FORECAST
REPORT**

미래예측보고서 4

산업에 혁신의 물결이 밀려든다

한국 IT의 추락? 러시아는 나노에 목숨 걸었다

총성 없는 클라우드 전쟁, 최종 승자는?

로봇에게 빼앗기는 어중 가지 일자리

구제역 대란, 고기를 만들어 먹는다?

2020년, 지자체의 제조업 유치는 자살골!

'액체사회'를 모르면 대통령이 될 수 없다

인터넷 대중은 스팀라켓이다

서버회사는 소멸하고 클라우드 컴퓨팅이 뜬다

서부를 꿈 깨러 가듯 해수농업이 뜬다

미래직업 '라이프디자이너'가 뜬다

2025년까지 세상을 바꿀 6가지 기술

1
한국 IT만 추락?
러시아는 나노에 목숨 걸었다

유엔미래포럼 러시아대표이며 러시아과학원Russian Academy of Science의 나노연구원장인 나디아 가포넨코는 1959년 러시아가 스푸트니크라는 우주선을 먼저 쏘아 올리자, 당황한 나머지 우주공학에 대해서는 아무것도 모르면서 대통령으로 당선된 해 "1962년 인간을 달에 착륙시키겠다."고 선언한 케네디 대통령의 시대가 2011년 7월10일로 종말을 고하게 된 것에 대해 감회를 표현했다.

미국은 우주항공국NASA을 통해 지난 40년간 우주선을 발사하고 달 착륙, 화성탐사 프로그램들을 유지했지만 올해를 마지막으로 더 이상 우주선을 발사하지 않는다고 발표했다. 그것은 우주식민지 건설에 대해 경쟁하던 소련이 멸망하면서 러시아가 우주전쟁을 일찌감치 포기했기 때문이다. 경쟁자가 없는데 이 분야에 그 많은 예산을 투입하는 것이 의미가 없어졌기 때문이다.

우주경쟁을 포기한 러시아는 석유가스개발과 과학 발전에 전력을 다하고 있다. 그중에서도 이들의 비밀스런 나노공학에 대한 움직임은 주목할 만하다. 7,007개 나노연구기구의 모든 자료를 데이터베이스화해서 가지고 있는 나노싱크탱크의 소장인 나디아는 러시아의 미래전략은 바로 나노로의 급한 쏠림 현상이라고 말했다. 그는 러시아의 2020~2030년 신新성장동력으로 키우는 산업은 첫 번째가 석유가스의 종말을 대신할 기후에너지산업개발인 신재생에너지개발이고, 두 번째가 나노공학에의 예산투입인 듯하다고 말한다.

나노공학은 에릭 드렉슬러가 MIT에서 나노공학 박사학위를 받고 〈창조의 엔진Engines of Creation〉이라는 저서를 내놓은 1988년 이래 전 세계가 나노를 알게 된 1995년과 러시아가 나노 실체를 인정하고 나노연구소를 러시아과학원에 창설하게 된 2005년을 나노공학연구의 원년으로 본다. 하지만 아직은 나노기술을 이용한 제품이 너무 비싸기 때문에 대중화되지 못하고 있고, 나노기술의 표준화가 이뤄지지 않고 있기 때문에 기업들이 대거 투자를 하지 못하는 실정이다.

하지만 러시아는 빠른 시일 내에 나노기술의 상업화를 실시하기 위해 손발을 걷고 나섰다. EU는 2011년 벌써 나노표준화개발을 시작했고 여기에 러시아가 관여하고 있어 곧 표준화가 완료될 것으로 알려졌다. 이 표준화 연구를 주도하고 있는 과학자는 바로 한스 페더슨으로 나디아가 소장으로 있는 나노연구소의 자문위원장이기도 하다.

그가 운영하는 과학원의 나노연구소는 국가기관이기 때문에 나노기술을 직접 개발하는 것이 아니라 나노기술을 스캐닝, 모니터링 하고, 로드맵을 그리고, 러시아 정부를 위해 나노정책을 개발하여 실행하는 역할을 한다. 즉 최고권위자에게 나노의 중요성과 미래예측, 나노 발전을 위한 투자 정책에 대한 로드맵을 그려서 제안하는 것이다.

나디아는 비록 러시아가 우주개발에서 패하고 신재생에너지개발에서 뒤지고 있지만 나노에서는 미국을 제칠 것이라는 야심을 가지고 있다고 말한다. 그는 '나노로 재편될 세계질서'라는 글에서 앞으로 나노공학이 돈이 되는 시기가 4~5년 남았고, 나노 일렉트로닉스, 나노 에너지, 나노 신소재, 나노 광합섬유, 나노 마그네틱, 나노 메커니즘, 나노 바이오의학기술 등 이미 제품이나 기술이 나와 있는 분야가 많다고 주장한다.

나디아 원장은 2010년 이래 각국이 나노관련 정부기관을 만들고 나노기업이 창출되는 현상이 눈부시게 드러나고 있다고 보면서, 이 변화에 대비하여 자신이 연구하는 나노연구원에서는 어느 나라 어느 기업, 혹은 연구소가 어떤 시설을 갖추고 있으며 몇 명의 전문가를 두고 있는지를 파악했다고 밝혔다. 사실 나노시설은 값이 비싸고 높은 예산이 필요하기 때문에 어느 나라에서 어떤 시설을 갖추었는지 파악하면 그 나라의 기술 수준을 쉽게 파악할 수 있다고 한다.

현재 이 데이터베이스에는 7,007개 나노관련 단체들의 기술력이 들어 있는데 극비이기 때문에 밝힐 수는 없고, 단지 70여 개 단체의 기술은 덴마크 홈페이지 www.nanorucer.de에서 볼 수 있다고 힌트를 줬다.

2015년을 각국이 나노전쟁에 돌입하는 해로 보고 현재 가장 많은 예산을 넣고 있는 곳은 바로 EU다. 이 중에서도 가장 좋은 기술을 보유한 곳은 독일의 파란호퍼 연구소다. 나디아 원장에 따르면 가장 많은 예산을 쏟아 부은 곳은 EU로 2008년까지 16억 달러를 투자했고 두 번째는 러시아로 14억 달러 정도를 투입했다. 그리고 3위가 미국으로 11억 달러, 그다음이 중국, 싱가포르, 한국 등의 순이었다.

러시아에서 개최하는 제 1회 나노포럼은 러시아정부의 공기업과 민간기업의 반반투자로 이루어진 러스나노 기업 Corporatio RUSNANO이 주최한다. 이 기업은 공기업의 경직된 운영을 민간화하기 위해서 만든 러시아 나노를 책임질 기구다. 공기업이면서 민간기업 행세를 하는 이 기업은 손쉽게 투자를 받고 연구소의 나노기술을 상업화하기 위해서 만들어진 러시아의 깊은 미래전략이 스며든 기업이다.

러스나노 기업은 지금까지 우리나라를 포함한 EU, 독일의 파란호퍼 연구소, 벨기에, 핀란드, 중국, 아제르바이잔, 멕시코 등과 협정서를 나누었다. 러시아는 최종 100여 개 국가와 공동협력을 하고자 한다면서, 미국의 미래전략이 군사력이고 이들이 이끄는 북대서양조약기구 NATO가 있다면 앞으로는 나노공학의 역할이 중요해지면서 새로운 국제기구가 만들어질 것이라고 예상했다. 특히 나노에너지 분야는 러시아가 가장 관심을 갖는 분야라고 밝혔다.

나노가 돈이 되는 시기는 나노가 생산 공정을 대체하게 되는 2020년 정도이지만 이미 돈이 되는 분야가 있다. 첫 번째는 나노의료학으로 나노공학을 의료진단기구로 사용하는 경우가 기업화하고 있다. 나노로봇 즉 나노봇은 암세포를 찾아내서 박멸하는, 즉 수술 없이 암을 완치시키는 기술이다. 나노는 손상된 피부를 회생시키고 땜질을 해주는 다양한 기술에 이용되므로 미래에는 개복수술을 할 필요가 없어진다. 이러한 기술이 완벽해지면 나노진료, 나노처방, 나노수술 등이 급부상하는 대신 현존하는 수술기구, 처방기술, 간호사, 수술의사, 진료 등이 사라질 것이다. 병원에서 의사들이 글로 쓰던 차트가 사라지고 아이패드나 핸드폰으로 업무를 보는 현실을 봐도 알 수 있다.

두 번째는 나노에너지 분야다. 기존에는 에너지를 얻기 위해 중동에서 한국까지 선박으로 원유를 싣고 와서 여수 정유공장에서 정제하고, 그것을 가솔린 석유 등으로 구분하여, 각 주유소로 보내야 했다. 또 이 에너지를 사기 위해 개개인은 각 주유소에서 휘발유를 주유받아야 했다. 하지만 솔라 에너지를 이용하면 원하는 에너지를 중동에서 전기로 생산하고, 그 전기를 지구촌 각 가정으로 배달하게 된다.

세 번째는 나노신소재 분야다. 나노빌딩을 지으면 나노 벽은 스스로 셀프 크리닝이 되어 청소가 필요 없는 소재가 되는데, 이를 나노세라믹기술이라고 한다. 또 빌딩을 지을 때 건축물 쓰레기도 없어지고, 각 층마다 원하는 모든 시설을 나노공학으로 집어넣는 등 새로운 건축물, 완벽하게 네트워크되는 건축물이 들어서게 된다. 나노신소재로 자동차를 만들면 운행을 마치고 쉬는 밤에 자동차가 스스로 긁힌 곳, 찌그러진 곳을 고쳐놓고, 외장재로 칠한 페인트도 다시 스스로 칠을 메운다. 특히 이미 시중에서 판매하는 나노 타이어는 타이어에 구멍이 나면 스스로 알아서 구멍을 메운다.

화장품 분야에도 나노 바람이 분다. 이 분야를 nanopopculars라고 하는데 피부를 재생시키고 노화를 방지해준다. 이것은 고령화를 막고 복지비용을 절감하는 대안이 될 수 있다. 피부가 스스로 자체 콜라겐을 생성하도록 만드는 기술인데 여기에 대해서는 너무 작은 입자를 얼굴에 바르면 배설되지 않고 축적되어 인체에 해로운 물질로 쌓인다는 부정적인 의견을 제시하는 연구자들도 있다.

그 외에 한번 입으면 벗지 않아도 셀프 크리닝을 해주는 나노의복은 이미 많이 나와 있다. 나노양말은 발의 무좀을 없애주고 발을 청정하게 해준다. 〈스타트렉〉에서 수많은 우주인이 입고 있는 의복이 바로 나노복이다. 이 옷은 한번 입으면 벗지 않고 셀프 크리닝을 해주고 체온도 적정하게 유지시켜준다. 앞으로 나노의복이 보편화되면 의류사업이 사라지고 패션산업이 하락할 수도 있다. 자동차가 나와서 마차가 소멸했듯이 나노봇의 출현으로 섬유업계에 큰 변화의 바람이 불 것이다.

나노공학은 이미 지척에 와 있다. 하지만 나노기술이나 제품의 비용이 아직 너무 비싸서 얼마까지 값을 내리는가가 나노산업의 성공시기를 결정할 것이다.

2. 총성 없는 클라우드 전쟁, 최종 승자는?

미국내셔널아카데미프레스The National Academies Press의 PDF로 된 책은 모두 무료로 다운받을 수 있다. 여기에는 현재 4,000권 넘는 책들과 출판사에서 제작된 미래보고서들을 포함한다. 미국학술원출판기관은 국가과학원, 공학한림원, 의학연구소, 국립연구회의의 출판사들을 관리하는데, 현재의 재정을 유지하는 한편 지구촌의 지식보급을 위해 최대한 많이 그리고 넓게 지식콘텐츠들을 지구촌에 전파한다.

1994년부터 이 기관은 지구촌 정보공유라는 목적을 달성하기 위해 온라인상에서 무료로 콘텐츠를 제공하기 시작했다. 이미 개발도상국에는 모든 PDF사용자가 무료로 다운받을 수 있도록 허용했다. 종전에는 학술원출판기구 PDF의 65%가 모든 사용자에게 무료 다운로드 서비스를 제공했다.

이 기관의 이사는 "우리의 사업모델은 전 세계에 무료로 학술 내용을 알리되 재정 자립도는 유지하도록 구조조정을 해왔다. 더 효과적으로 우리의 지식과 내용을 나눔으로써 지구촌에 긍정적인 영향을 주며 지식공유를 통한 동반성장을 꾀하는 멋진 기회가 될 것이다."라고 말했다.

또한 현재 학술원출판기관의 무료 PDF를 기초로 2013년까지는 더욱 더 노력하여 PDF 보고서들을 매년 70만 권에서 100만 권으로 늘일 것이며 이러한 지식이 지구촌에 급속하게 전파되도록 노력할 것이라고 밝혔다.

인쇄된 책들은 학술원 출판사 사이트나 전통적인 절차를 통해 계속해서 제공이 가능하다. 하지만 무료 PDF는 학술원출판기관 사이트 http://www.nap.edu에서만 제공된다. 제공된 내용들은 저작권법을 따르는데 저작권이 허용되지 않는 것은 제외하였다. PDF에 학술원출판기관 소유의 책들 대부분이 포함된다. 그러므로 PDF가 만들어지기 이전에 출판된 것들은 예외다.

이처럼 지식의 보급 속도가 빨라지면 이러한 지식을 이용하여 더 많은 지식창출이 가능하고, 다양한 제품과 서비스 개발이 용이하게 된다. 여기 지식무료화, 정보공유화 등을 급속히 진전시킬 또 하나의 놀라운 기술이 탄생했다. 그것은 바로 '아이클라우드'다.

애플이 6월 6일 샌프란시스코에서 개최한 개발자회의 WWDC에서 발표한 '아이클라우드'는 애플의 제품사용자들이 다양한 기기에서 같은 콘텐츠 및 앱을 이용할 수 있게 해준다. 애플의 e북 스토어에서 구입한 e북을 아이폰으로 읽다가 그대로 아이패드 또는 맥북에서 읽을 수 있다. 한 기기에서 구매한 음악이나 앱들이 하나의 기기가 아닌 클라우드 서버에 보관되어 웹 연결만 된다면 추가비용 없이 애플의 모든 기기에서 그대로 즐길 수 있다.

아이클라우드가 '자동 동기화'를 통해 사용자의 콘텐츠를 중앙서버에서 여러 기기에 자동으로 뿌려준다. 하지만 아이폰에서 구입한 음악이나 e북, 작업한 문서 등을 다른 환경과 다른 기기에서 그대로 이용하려면 애플의 제품을 사용해야만 한다. 그러므로 구글처럼 오픈소스화가 되지 않으면 애플 서비스는 결국 한계를 가질 수밖에 없다. 즉 무료지식이나 무료 콘텐츠화에 역행하게 되면서 최종 승자가 될 수는 없을 거라는 예측이다.

구글독스 등도 웹기반 문서작업 솔루션으로 일종의 클라우드 서비스다. 구글 개발자회의 결과, 구글은 클라우드 기반의 음악 서비스 및 클라우드 전용 노트북인 '크롬북'을 발표했다. 안드로이드나 크롬 기반의 모든 기기에서 구글의 클라우드 서비스를 이용할 수 있다. 애플이나 삼성의 경우 모든 제조사가 활용할 수 있는 구글 기반 제품들에 비해 개발자 생태계 및 콘텐츠나 앱의 양적인 면에서 불리할 수 있다.

이미 우리나라에서도 스마트폰이나 태블릿PC, 노트북 등 모바일 기기 사용자들은 유클라우드, N드라이브 등 클라우드 기반 스토리지 서비스를 이용하고 있다. 자체 기기가 없는 구글과 달리 삼성과 애플의 경우 자체 클라우드 서비스를 구축함으로써 낼 수 있는 효과는 '자사 기기들 간의 시너지'다. 삼성전자의 클라우드 서비스 역시 갤럭시 시리즈에서 구입한 콘텐츠를 삼성전자의 TV, 내비게이션, 카메라에서 이용할 수 있다는 점에서 콘텐츠 생태계를 구축하게 된다. 삼성전자는 클라우드 서비스를 준비하고 있다고 밝혔다. 우선은 구글의 클라우드를 최대한 활용하고 자체 생태계도 만들어 나간다는 것이다. 하지만 자체 클라우드 서비스를 개발한다는 점은 자사 기기들만 사용하게 한다는 면에서 폐쇄성을 의미한다.

정보는 무료화되고 오픈소스화될수록 많은 사람이 활용하게 되고 그 영향력이 커진다. 수많은 군중의 힘으로 점점 더 많은 정보공유화와 지식무료화가 급속하게 일어나게 되는 것이 미래사회변화다. 지식을 창조하는 사람들은 오픈소스화와 정보무료화를 전제로 구글처럼 광고시장을 두드리거나 또 다른 비즈니스모델을 만들어가게 될 것이다.

3
로봇에게 빼앗기는 아홉 가지 일자리

　미국의 유명 방송사 NBC_{MSNBC.COM}는 최근 로봇에게 내줘야 하는 일자리에 대한 특집을 방영했다. 그 제목은 '인간은 점점 쓸모없는 일꾼이 되어 가는가?'였다. 모든 지표로 보아 대답은 '그렇다'이다.
　IBM의 왓슨은 로봇이 인간보다 더 똑똑해지는 위험에 대해 말하고 있다. 로봇은 사람보다 실수를 적게 하고 똑같은 말을 수년간 되풀이해도 지루해하지 않는다. 'How Stuff Works'의 창시자이며 〈로봇 국가 Robotic Nation〉의 저자인 마셜 브레인은 2013년이 되면 전 세계적으로 5,000명 당 1대 꼴인 120만 대의 로봇이 산업현장에서 일하게 된다고 말한다. 로봇은 현재 서류를 분석하고 처방전에 따라 약을 조제하는 등 과거 오직 인간에 의해서만 다루어졌던 업무를 수행하고 있다.

일자리 1. 약사

미래에는 사람들이 처방전을 가져오면 약국 카운터 뒤에 로봇이 앉아 있는 것을 볼 수도 있다. 캘리포니아대학 샌프란시스코 의료원은 최근 두 군데 병원에 로봇에 의해 컨트롤되는 약국을 도입했다. 새로운 약국에서는 컴퓨터가 샌프란시스코 의료원의 의사가 발행한 처방전을 전산망을 통해 받아 로봇이 약을 고르고 포장하여 개인의 복용량에 따라 조제한다.

기계는 12시간 간격으로 투약해야 하는 환자들을 위해 바코드화된 모든 약품을 모아 약을 조제한다. 작년 한 해 동안 약국을 운영해본 결과 35만 건의 투약이 한 건의 오류도 없이 이루어졌다. 의료원의 간호사들은 환자의 침상에서 바코드 리더기를 사용하여 정확한 조제가 이루어졌는지를 검사한다. 또한 자동화된 시스템의 이용범위는 화학요법 또는 비화학요법의 무균 조제와 약물이 함유된 전해질 주사 또는 주사액 주머니로 확장되었다.

일자리 2. 변호사와 변호사보조원

앞으로는 변호사와 변호사보조원의 일을 소프트웨어가 보다 적은 시간과 비용으로 대신할 수 있다. 〈뉴욕타임스〉는 캘리포니아 주 팔로 알토의 블랙스톤 디스커버리에서 150만 건의 서류를 10만 달러 미만의 비용으로 분석할 수 있는 소프트웨어를 제공하게 되었다고 발표했다. 〈뉴욕타임스〉에서 변호사인 빌 헤어는 이렇게 말했다.

"법률업무종사자의 견해로 보면 이는 서류검토 업무에 할당되었던 수많은 사람에게 더 이상 돈을 주지 않아도 된다는 것을 의미합니다. 사람들은 지치고 두통을 앓게 마련이지만 컴퓨터는 그렇지 않습니다."

일자리 3. 운전기사

구글은 작년 가을, 자동화된 자동차는 안전성을 높이고 사람들의 통근시간을 줄여줄 것이라고 발표했다. 인간감독자가 승객석에 앉아 있는 상태에서 운행한 일곱 대의 테스트 차량은 1,000마일 정도의 도로를 전혀 사람의 개입 없이 달렸고, 이따금씩 사람의 도움을 받으며 14만 마일을 주행했다. 구글의 엔지니어인 세바스티안 스런은 이렇게 말했다.

"우리의 자동화된 자동차는 훈련받은 오퍼레이터가 탑승한 채 구글 마운틴 뷰 캠퍼스에서 산타모니카 사무실까지, 그리고 할리우드 보울바드까지 주행했습니다. 롬바드 스트리트를 내려갔고 금문교를 건넜으며 태평양 고속도로를 달렸고 태호 레이크를 한 바퀴 돌기도 했습니다."

일자리 4. 우주비행사

제너럴 모터스와 협력하여 만든 나사의 로보노트2는 최신 안드로이드 기술의 집합체다. 광범위한 센서와 정교한 다섯 손가락을 가진 손을 갖추고 있으며 우주정거장을 청소하거나 인간의 우주 작업을 돕는 보조적 역할을 수행하고 있다. 그러나 나사는 이들이 언젠가는 우주인을 도와 수리작업을 하거나 과학적 업무를 수행하게 될 것이라고 말했다.

일자리 5. 점원(계산원)

기업들은 보다 적은 직원으로 보다 많은 물건을 판매할 수 있는 방법을 찾고 있다. ATM 기계는 은행원을 감소시켰고 가상상담원은 24시간 동안 전화에 응답한다. 그리고 셀프서비스 기계는 점원 즉 계산원의 수요를 감소시키고 있다. 대형 판매회사의 매출이 크게 증대되었음에도 소매업의 총 고용인원은 거의 변하지 않았다. 2010년에 7,400억 달러의 상품이 셀프서비스 기계를 통해 판매되었으며 이는 2009년에 비해 9% 늘어난 것이다. 셀프서비스 기계를 통해 판매되는 금액은 2014년까지 1조 1,000억 달러로 늘어날 것이다.

일자리 6. 군인

아직 로봇 군단이 군대를 대체하고 있지는 않지만 무인비행기와 같은 기계들의 전투 투입이 늘어날 것이다. 대표적인 예가 포스터 밀러에서 개발되어 이라크에 투입된 첨단무장로봇 시스템MAARS이다. 이 시스템은 GPS

시스템을 갖추고 있으며 화재 구역과 화재가 나지 않은 구역을 구분하여 문을 열고 부상병을 끌어내기도 한다.

일자리 7. 베이비시터

로봇은 치명적인 무기만이 아닌 놀라운 오락거리도 된다. 일본의 주요 판매업체인 '이언'은 2008년에 부모들이 쇼핑하는 동안 아이들을 봐주는 키가 크고 발이 네 개인 노랗고 하얀 로봇을 도입했다. 판매자에 의하면 헬로우 키티와 같은 여러 모델은 '아이와 놀아줄 수 있는 시간이 적은 사람들'위해 만든 완벽한 제품이다. NEC의 파페로 로봇은 RFID 칩을 이용하여 아이들을 따라다니며 퀴즈를 내는 등 우스개를 한다.

일자리 8. 재해재난 구조원

로봇은 사람이 접근할 수 없는 지역에도 접근할 수 있으며 자연재해를 입은 피해자들에게 결정적인 도움을 줄 수 있다. 도호쿠대학의 사토시 타도코로 같은 과학자들은 일본에서 구조활동을 할 수 있는 로봇을 지원하고 있다. 타도코로 박사는 카메라가 달린 뱀과 같이 생긴 로봇을 이용하여 붕괴된 건물의 좁은 공간으로 들어가 희생자들을 수색한다. 텍사스 A&M 대학의 로봇지원수색구조센터는 현재 로봇의 가장 유용한 용도는 무인항

공기 또는 원격조작기기를 통한 수중물체 탐색과 교량, 파이프라인의 상태검사라고 말한다.

일자리 9. 스포츠 기자와 리포터

노스웨스턴대학 '내러티브 사이언스'에서 개발한 소프트웨어는 기계가 생성하는 기사에 특화되어 있다. 폭스 케이블이 일부 소유하고 있는 빅텐 네트워크는 이를 야구와 소프트볼 중계 서비스에 사용하고 있다. 비용이 적게 들기 때문이다.

빅텐의 뉴미디어 담당인 마이클 칼데론은 〈블룸버그 비즈니스위크〉에서 이렇게 말했다. "모든 게임이 열리는 곳마다 리포터를 보내는 것보다 이 소프트웨어를 사용하는 것이 훨씬 비용이 적게 듭니다." 경기가 끝나면 기록원은 경기 데이터를 내러티브 사이언스로 보내고 이곳에서는 컴퓨터를 통해 수 분 내에 스포츠 기사를 만들어낸다.

4

구제역 대안, 고기를 만들어 먹는다?

 지난 구제역으로 많은 농가와 축사가 피해를 입었다. 이에 고깃값을 비롯한 관련 물품의 가격이 줄줄이 인상되면서 그 피해는 생산자에서 온 국민으로 퍼져갔다. 그러나 정부에서는 의심되는 동물들을 무작위로 살殺처분하는 것 외에는 별다른 대안이 없었다. 그렇다면 다른 나라에서는 이러한 상황을 어떻게 대응하고 있을까?

 네덜란드, 노르웨이, 미국 등은 배양육Cultured Meat에 집중하고 있다. 산삼 주스를 배양해서 팔듯이 배양육은 맛있는 소의 근육세포를 탯줄에서 떼어 줄기세포와 섞어서 실험실에서 배양하는 것이다. 2001년 이래 나사는 우주선에서 칠면조 고기를 배양해서 우주비행사들에게 먹이고 있다.

 배양육을 키우는 목적은 앞으로 기후변화로 인한 지구온난화 등으로 물 부족이 심각하게 대두되는데 감자 1kg 경작하는데 물이 1000*l* 사용된다면 고기 1kg은 감자의 100배로 물이 많이 들기 때문이다. 그 외에 축산폐수 등도 문제이며 메탄가스도 문제다. 하지만 축산농가만이 배양육재단을 만들 수 있게 했기 때문에 오히려 축산농가들이 환영하는 나라도 많다.

미래의 전쟁은 물 때문에 일어난다. 〈물 전쟁 Water Wars〉이란 저서를 쓴 마크 드 빌리에는 수년 내에 물 때문에 전쟁이 일어날 것이라고 예측했다. 세계은행의 부행장이자 세계수자원위원회의 회장인 이즈마엘 세라젤딘은 "21세기 전쟁은 물 때문에 일어난다."고 말했다.

이미 세계 지도자들은 인류가 처한 가장 큰 갈등은 물 부족이라고 말한다. 한국은 20여 년 전부터 미래의 물 부족 국가로 분류되었다. 전 유엔사무총장 부트로스 갈리와 요르단의 후세인 왕도 물 전쟁을 예고했다. 이집트의 나일 강 물줄기 때문에 이미 전쟁을 경고한 적이 한두 번이 아니다. 물값이 10년 이내에 오일가격만큼 비싸질 것이라는 예측도 많다.

중국, 동남아, 미국 남서부, 콩고, 나이지리아를 제외한 아프리카, 유럽까지도 1990년 이래 물 부족 현상을 겪고 있다. 지하수의 고갈이 심각하며 사해는 20세기에 10미터 이상 강물이 줄었다. 1981년 전쟁을 피하기 위해 요르단과 이스라엘이 요르단 강의 수량을 늘리기로 했지만 수량은 줄기만 하고, 요르단, 이스라엘, 웨스트뱅크, 가자지역, 사이프러스, 몰타, 아랍반도는 수자원이 고갈되었다. 모로코, 알제리, 튀니지, 이집트 또한 10년 내에 수자원 고갈 상황에 빠진다.

고대 유대인과 그리스도교, 이슬람교도의 생명줄은 대부분 물에서 시작되었다. 강 하류에 위치한 나라들은 상류에서 댐을 막으면 전쟁을 불사할 것이다. 유프라테스 강줄기를 따라 전쟁이 일어나지 않는 이유는 수단이나 에티오피아가 내전으로 수자원을 이용할 만큼 국력이 없어서다. 메콩 강 주변에도 항상 물싸움이 진행 중이다. 물 전쟁 가능성이 가장 많은 곳은 이스라엘과 요르단이며, 나일 강의 이집트는 강 하류이지만 수단, 에티오피아, 우간다는 강 상류에 있다. 터키가 강 상류에 있고 이라크와 시리아는 티그리스와 유프라테스 강의 하류에 있다. 갠지스 강은 인도와 방글라데시를 거쳐 흐르고, 인더스 강은 파키스탄과 인도를 거쳐 흐른다.

세계인구 40%가 250개 강줄기 주변에 거주하고 있다. 대부분의 강 하류 국가의 병력이 강한 것은 강 하류 국가가 이미 물에 대한 걱정으로 병력을 증강했기 때문이다. 각국이 이제 물 부족에 대해 그 심각성을 깨달아가고 있다. 그러므로 낡은 수도관으로 낭비되는 물을 없애야 한다. OECD 각국의 미래도시 인프라구축프로젝트에서 한국 건설업체들의 수주 기회가 있다. 하지만 각국 정부 지도자들은 자신의 임기만 걱정하지 10~20년 더군다나 50년 후를 걱정하지 않는 것이 문제다.

OECD미래프로젝트 중에는 미래도시 인프라구축이 있다. 서구의 수로 관개구조는 대부분 100~200년 전 건설되어 노화되었다. 수도관을 다 갈아야 하고 여기에 신소재나 첨단공법이 동원되어야 한다는 연구가 진행 중이다. 서구의 전기시설 또한 노후되어 모두 갈아치워야 한다는데 각국이 동의한다. 그러기 위해서는 엄청난 돈이 필요하다.

2015년 이후 낡은 수도관이나 관개시설로 인한 대재앙이 예측된다. 각국이 모여서 함께 노력하지 않으면 안 된다. 수도관은 대부분 100년 이상 낡은 것이어서 여기에는 수조 달러가 투자되어야 한다. 전기시설 160조 원,

전력 발전 45조 원 등 엄청난 재정지원이 필요하다. 파리의 수도관은 대부분 1855년에 만들어진 것이고 현재 전 세계 수도관의 40%가 낡아서 새고 있다고 한다. 하루빨리 이러한 것들을 알루미늄이나 신소재로 교체해야 수자원이나 에너지를 보존할 수 있다. 그러나 지방정부나 국가는 재정에서 이를 반영하지 않고, 각국 지도자는 관심이 없다. 그러므로 OECD에서 강제적으로 각국에 분담금을 매기거나 세금의 몇%를 SOC 재건사업에 투자하도록 해야 한다. 10년간 지속적으로 각국 정부가 세금을 거둬서 해결하지 않으면 안 된다.

배양육은 어떻게 만드나?

배양육의 최고 권위자인 러시아 출신 사우스캐롤라이나대학교 의대 교수 미로노프 박사가 최근 대학교와 갈등으로 법정공방에 들어가게 되었다고 2월 18일자 〈포스트 앤 커리어〉가 발표했다. 미로노프는 1월 17일 전 세계적으로 배양육에 관해 내년에 상업용 고기를 출시하겠다는 발표를 한 후 엄청난 국제적인 관심을 끌게 되자 대학 측과 갈등을 일으킨 것으로 판단된다.

지난 20여 년간 배양육기술이 개발되고 네덜란드 정부 등이 2012년부터 상업용 닭고기를 판매하겠다는 발표를 한 후여서 배양육기술은 미래학자들 간에 초미의 관심사다. 제롬 글렌 회장은 필자에게 한국에서 미로노프 박사를 초청하면 앞으로 한국이 소고기 수출국이 될 것이라고 주장하면서 지금이 한국의 기회라고 말했다.

동물권리운동본부People for the Ethical Treatment of Animals,PETA가 미로노프에게 1억 불을 지원했고, 페타는 이 배양육이 상업용으로 전 세계에 팔려 동물을 학살하지 않고도 인간이 고기를 먹을 수 있도록 대안을 냈다. 미로노프는 또 다른 연구기관인 미국과학재단 등으로부터 2천만 달러의 지원을 받아 자신의 줄기세포를 꺼내서 인간장기를 배양하는 프로젝트도 동시에 수행 중이었다. 이런 기술을 세포바이오배양Tissue Biofabrication이라고 하며 이 기술이 개발된 것은 10년 전이었다. 과학재단의 릴리 화이트맨은 미국의 과학재단The National Science Foundation이 2009년에 이미 미로노프 등 10여 명의 과학자들에게 2천만 달러를 지원했다고 밝혔다.

배양육Cultured Meat은 세포공학기술로 소고기의 세포를 배양해서 축산농가 없이 고기를 배양하는 기술이다. 배양육은 동물애호가들의 염원이면서 값싸고 건강하며 환경오염을 줄이는 최적의 식량계획이다. tissue engineering, 즉 세포공학을 이용하는 기술로 세포는 살아있는 동물로부터 가지고 오지만 전혀 고통 없이 떼어오는데 줄기세포를 배양하는 방법은 탯줄을 이용한다. 이 세포는 동물 없이 적절한 환경 속에서 배양되고 신속히 자란다. 이론적으로 이 과정은 에너지만 있으면 지구촌 인구를 전부 먹일 수 있을 정도로 배양할 수 있다. 이러한 과정은 유전자변형 없이 진행되는데, 세포의 유전자 지도를 전혀 손대지 않고도 배양이 가능하다. 햄버거 고기는 가장 먼저 배양육으로 사용될 듯하다.

처리 가공된 육류를 원하는 크기나 모양으로 배양할 수 있는데, 특히 소시지, 햄버거, 너겟 종류의 고기배양은 단순하다. 하지만 근육질인 고기배양은 좀 까다롭다. 스테이크 고기는 극도로 길고 얇은 고기로 세포들에 직접 피와 영양분을 전달하면서 조금씩 배양되기 때문이다. 조그만 그릇에 세포들을 넣고 그것을 더 큰 그릇에 가득 배양하는 식이다. 가장 성공하고 있는 경우는 너겟을 만들기 위한 닭고기다. 너겟은 닭고기를 갈아서 만들기 때문에 아예 간 닭고기가 배양된다.

가장 중요한 것은 동물로부터 떼어낸 고기보다 맛이 좋고 값이 싸야 대량판매가 가능하다는 점이지만, 이는 이미 증명된 바 있다. 시세포 즉 시작하는 세포는 세포분리로 동물로부터 전혀 고통 없이 소립자를 떼어낸다. 줄기세포를 탯줄에서 가져와 주로 사용한다. 줄기세포가 아직 어떤 세포가 될지 결정되지 않은 세포라면, 근육질세포나 뼈세포 혹은 다른 세포들은 이미 결정된 단계이기 때문에 주로 근육세포를 떼어낸다. 배양육생산에는 특정 세포만이 사용된다. 줄기세포를 이용하면 배양의 속도가 아주 빨라진다. 줄기세포 사용은 근육질세포로 확정된 세포를 가지고 오거나 줄기세포와 근육질세포를 함께 넣어 속도도 빨라지고 맛도 좋아지는 방법이 있다.

동물 없이 근육질의 고기만 생산하는 기업도 생기고 있다. 가장 효율적인 세포를 찾아 배양하는 것이 관건이지만 내장은 배양이 불가능하다. 배양육은 소화기관을 배양할 수 없기 때문이다. 배양육을 배양할 때 소가 운동을 하듯이 뒤집어주면서 세포가 늘어나게 하는 것도 고기를 맛있게 하는 방법이다. 배양육은 동물을 가둬서 사육하는 것보다 인간적이고 유기농작물 농민들과 경쟁하지도 낳고 인류의 건강을 책임지고 생태계를 보존할 수 있으며 지구온난화를 줄이는 저탄소경제에 적합하다. 이미 국제배양육콘소시움, 배양육재단, 세계배양육협력기관 등이 있다.

줄기세포 배양육 재배는 네덜란드에서 처음 진행되었고 이제는 미국의 사우스캐롤라이나대학에서 미로노프 박사 등이 연구한다. 로이터 통신은 현재 정부지원금 등이 부족하지만 5년 후에는 이 분야의 기업투자 등이 활발해지면서 구제역이나 다른 질병에서 자유로운 실험실에서 키우는 고기를 먹게 될 날이 멀지 않았다고 보도했다. 식량농업연구소, 미국식품의약청 등에서 이미 연구 중이지만 자금지원이 충분하지 않다. 미국의 국립연구소, 보건기구 등이 시작한 연구이며 최초로 배양육을 우주선에서 공급한 미우주항공국 등이 이 연구를 집중적으로 지원하고 있는 상황이다.

미로노프 박사는 "이것은 미래학에서 말하는 킬러기술, 즉 디스럽티브(파괴)기술"이라고 단언한다. 2000년부터 연구가 시작되어 지금은 1백만 달러 정도의 지원으로도 가능한데, 어떤 기술이든지 새로운 기술을 연구하기 위해서는 시장 평균 10억 달러의 비용이 든다. 하지만 배양육은 이제 대량생산이 눈에 다가온 기술이다. 의과 대학들에서 재생의학 및 세포 생물학, 세포생성 및 재생기술, 바이오배양센터 등에서 다양한 연구가 진행되고 있다.

또 인간장기배양, 인공신체배양기술 연구 등이 동시에 진행 중이어서 이 배양육기술은 곧 종래의 축산농가에서 동물을 사육하는 기술을 능가할 것이며, 공장에서 배양육을 대량생산할 날이 머지않았다. 미로노프의 배양육센터에서 일하는 니콜라스 제노버제는 윤리치료 연구소에서 3년간 재정지원을 받고 배양육을 키우고 있다. "연구소에서 배양되는 고기에 대해 사람들이 거부반응이 있어요. 특히 음식과 연관된 배양기술을 사람들이 좋아하지 않아요." 하지만 이런 반응에 대해 제노버제는 "인간은 곧 이런 배양육에 익숙해질 것입니다. 우리는 이미 다양한 배양식품을 천연식품이라 생각하며 먹고 있어요. 가령 요구르트는 유제품과 효소를 가지고 실험실에서 만드는 식품인데 우리는 천연식품인줄 알고 잘 먹죠. 또 포도주나 맥주생산도 그렇습니다. 포도주도 실험실, 즉 포도주를 만드는 브루어리에서 만들어지지 자연식품이 아니에요. 인간은 곧 배양육도 우리 생활의 일부라고 생각하고 받아들일 것이에요."라고 말한다.

미로노프는 앞으로 배양육공장을 카너리Carnery 즉 고기 만드는 공장이라고 부를 것이라고 말한다. "와인 양조장에서 와이너리가 만들어지고, 맥주는 맥주공장, 빵은 빵집에서 생산된다고 생각하면 고기를 배양육공장에서 생산하는 것이 조금도 이상할 이유가 없습니다."

그는 앞으로 지구촌 한집 걸러 한집에서 커다란 배양육을 만드는 통을 갖다놓고 누구나 집집마다 고기를 키워서 먹을 것인데 그것은 콩으로 각 가정에서 두부를 만드는 것과 크게 다를 바 없는 공정이거나, 커피콩을 볶아 커피머신에 넣어 커피를 뽑아 마시는 것처럼 우리가 흔히 목격하게 될 현상이라고 말한다.

그는 앞으로 bioreactors, 즉 배양육을 만드는 통을 가진 식료품 가게에서 원하는 형의 고기를 즉석에서 만들어주거나 축구장 크기의 건물에서 고기를 배양하게 될 것이라고 예측한다. 가게에 들어가면 "어떤 고기를 원하십니까?"라고 묻는데 어떤 맛을 원하느냐에 따라, 그 성분을 섞어서 주게 될 것이다. 돼지고기? 닭고기? 지방이 많이 들어간 고기? 고객이 원하는 대로 정확하게 설계, 디자인한 고기가 기계에서 쑥 뽑아져서 나올 것이다.

사회이슈화되는 배양육

사회의 이슈가 된다는 것은 배양육이 이제는 상용화가 되고 있다는 사실을 증명한다. 블룸버거 통신은 2010년 6월 2일자로 배양육 신기술이 부상한다고 보도했다. 블룸버거는 "네덜란드의 아드호벤 기술대학의 마크 포스트 세포공학교수가 대학교 실험실에서 2mm 두께의 고기를 배양했다."고 발표하였다. 그는 고기가 1인치 정도의 길이와 4분의 1인치 너비로 자라서 그것을 식사대용으로 할 수 있다고 발표했다.

우리는 유전자변형 없이 배양육을 생산할 수 있다. 현재 우리가 먹고 있는 수많은 식품이 유전자변형 식품이지만 우리는 의심 없이 먹고 있다. 이제는 유전자를 변형, 추가할 경우 우리 입맛에 더 많은 선택이 있을 뿐이다. 지금까지 수십 년간 유전자변형 식품을 먹고서도 사망한 사람은 없다. 우리는 이미 연습의 끝마무리에 와 있다.

우리가 먹는 고기는 대부분 근육조직이다. 그런데 이러한 근육만이 아니라 고기에서 나오는 물기, 기름기 등을 적당히 디자인해서 넣고, 또 그 고기를 비타민 물속에 넣었다가 빼면 비타민도 함유하게 된다. 육즙을 어느 정도 나오게 하는가, 어떤 고기의 품질을 우리가 만들어낼 것인가는 지금 한창 연구 중에 있다. 제노버제는 일반적으로 고기에서 지방질을 빼내고, 세포를 근육조직으로 부드럽게 만들고, 그것을 스테이크용으로 만들 수도 있으며 원하면 혈관도 만들어 넣을 수 있다고 장담한다.

이렇게 고기를 대량생산하게 되면 축산농가가 사용하는 사료나, 물, 공기오염 등이 사라지며, 특히 구제역이나 다양한 축산농가가 우려하는 질병에서 해방된다. 이런 대안 없이 2050년 90억 인구를 먹일 고기생산은 불가능하기 때문이다. 제노버제는 현재 지구 땅 면적의 30%가 축산농가가 키우는 동물의 단백질을 생산하는데 사용되고 있다고 말한다.

"육류 1파운드를 만들기 위해 동물에게 들어가는 사료는 3~8 파운드다. 그것은 상당히 비효율적이다. 동물은 사료를 소비하고 공기오염 폐수 등 폐기물을 생산한다. 그러나 고기를 배양해서 재배할 때는 사료가 필요 없고, 축산농가에서 필요로 하는 인력도 폐수나 오염도 식수로 사용할 엄청난 물도 필요하지 않다. 현재로서는 이 대안밖에 고기수요의 대안이 없는 것으로 알고 있다."고 배양육전문가들은 주장한다.

유엔은 지구온난화의 원인인 온실가스의 18%가 축산농가, 축산물 가공생산에서 나온다고 발표했다. 이에 덴마크 정부는 이산화탄소 배출을 줄이기 위해 배양육생산에 지원한다고 발표했다. 환경론자들은 축산업을 반대한다. 배양육과 환경보호주의의 목표가 어떻게 연관되는지 알 수 있다. 기업식농업이 앞으로 어떻게 기후변화에 영향을 주는지도 중요하다. 지구온난화를 막기 위한 대안으로 네덜란드는 실험실에서 배양육을 생산하는데 국가적인 지원을 아끼지 않고 있으며 축산농가를 배양육재단으로 지원하고 있다.

5
2020년, 지자체의 제조업 유치는 자살골!

　현재 인구가 69억, 2050년에 90억을 정점으로 2100년에는 55억, 2150년에는 36억, 2200년에는 12억, 2300년에는 3억 정도만 남는다는 보고서가 있다. 인류소멸이 예상되는 보고서다. 인구소멸의 이유는 1900년대에 개발된 피임약, 콘돔 등 피임기구의 효율성이 드러난 것이다. 그 외에는 여성인구가 노동력으로 흡수되면서 여성들이 출산을 할 기회를 잃거나 자식에 대한 인식변화 등이 있다.

　옛말에 '먹을 것은 타고난다'고 했다. 산업시대 이전 자식은 곧 자산이었다. 하지만 정보화시대를 거치면서 이제 자식은 더 이상 자산이 아니라 비용으로 생각되고 그 결과 출산감소 현상이 나타난 것이다.

　인구가 감소하면 제품의 소비가 감소하고, 부동산 수요가 감소하고, 서비스 요구도 감소한다. 제품소비가 감소하면 공장에서 물건을 덜 만들고 서비스 제공업체도 문을 닫는다. 공장에서 제품을 적게 만들면 공장일꾼이 필요 없어져 일자리가 감소하고, 일자리가 감소하면 일자리를 찾으러 청년인구들은 해외로 나가게 된다. 그리고 해외로 나간 자식을 따라 고령인구도 해외로 유출되면서 인구감소는 시장감소, 국력쇠퇴 등 국가소멸로 이어지게 된다.

특히 2020년에는 제조업의 소멸이 예측되는데 이때 미국은 제조업이 8%에서 2%로 정도로 낮아진다고 한다. 제조업은 아프리카나 동남아 등으로 옮겨지고, 서비스산업마저도 인구가 국력인 국가들에 밀게 되면서 공장유치는 외국투자유치가 되어 최악의 선택이 된다.

공장유치로 일자리를 창출하는 제조업은 경쟁력이 없어지면서 금방 문을 닫게 되고, 문을 닫고난 뒤에는 다양한 인프라의 사용이 불가능하게 되어 지역주민들의 세금부담이 급격하게 늘어난다. 이것은 세금이 적고 일자리가 있는 다른 곳으로의 인구유출의 원인이 된다.

이외에도 대부분의 기업이나 근무자들이 재택근무를 하는 시대에 공장가동은 원격조절이나 컴퓨터 센서 모니터가 해결해주기 때문에 공장이 들어와도 주변 상권이 살아나지 않는다. 거기에 공장이 들어서면 폐기물, 폐수처리 등 SOC구축을 지방정부가 해줘야 하기 때문에 국민세금이 들어간다. 하수오염, 공기오염 등도 심각하게 대두되어 결국 2020년에 제조업이 사라지면, 즉 공장이 문을 닫으면 폐공장은 그때부터 진짜 지자체의 골칫거리로 전락하게 된다. 지역주민들은 공장주가 떠난 뒤처리를 하지 않을 수 없다.

공장이 들어와서 일자리를 창출한다 하더라도 그 제품이 언제 소멸할지, 더 경쟁력 있는 제품에게 잡아먹힐지 모른다. 가령 부채공장은 선풍기공장에게 선풍기공장은 에어컨공장에게 잡아먹혔다.

게다가 이런 일자리는 대부분 기본노동력이기 때문에 임시직으로 고용하게 된다. 2010년 9월 미국의 노동통계에 의하면 40만 4,000명이 임시직을 선택하여 새로 창출된 일자리 59만 3,000개 중에 68%가 임시직이었다. 2020년 제조업에서 일자리는 대부분 임시직이 된다. 그 이유는 같은 제품의 수명이 2~3년, 가전제품이나 컴퓨터통신제품은 1년, 전화 등 인터넷제품의 수명은 3개월에 불과하기 때문에 다른 전문 분야의 임시직을 비정규직으로 고용하지 않으면 그 제조업체가 살아남을 수 없기 때문이다. 정규직으로 고용했는데 쓸모가 없어지고, 재교육도 시킬 수 없는 경우는 회사가 직원들과 함께 망할 수밖에 없다.

현재 회사를 차리는 사람들은 대부분 인터넷으로 마케팅을 하고 집에서 물건이나 서비스를 파는 디지털세상 속에서 회사를 연다. 이렇게 인터넷 속에서 회사를 차리면 다양한 비용이 줄어든다.

사무실을 빌리고, 전화를 놓고, 책걸상을 놓고, 비서를 두는 비용이 사라지면서 다양한 인허가 등이 필요 없어지고 세금이나 다른 서비스를 제공하는 비용도 줄어든다. 온라인상으로 질의응답하고 물건이나 서비스는 택배나 다른 방법으로 전달하며, 아침저녁으로 출퇴근하지 않아 자동차의 기름 값 및 회사 운영비용도 없다.

이제 공장이나 사무실을 옮긴다고 인구가 그곳으로 유입되지는 않는다. KTX를 비롯한 빠른 교통편으로 서울이나 대도시를 출퇴근하거나 주말부부로 사는 경우가 90% 이상이라는 통계가 나왔다. 인간은 자신이 수십 년 살아왔던 경계를 쉽게 이탈하지 않는다.

그러므로 공장유치는 이제 시대에 뒤떨어진 말이다. 구미시에서 제1공단이 노화가 되어 대우공장이 있던 자리 11만평을 밀고 그곳을 첨단금융, 교육, 문화, 에너지단지로 육성하겠다는 노력도 그 일환이다. 공장수요를 줄이고 기후에너지산업 등이 들어오거나 교육산업이 들어오는 것이 최선책이 될 것이다.

6

'액체사회'를 모르면 대통령이 될 수 없다

　액체사회, 액체 환경의 시대에 미래도시의 권력은 똑똑한 개개인이 가진다. 농경시대와 산업시대에는 모든 것이 고정되어 있었다. 산업시대에 공장을 하나 지으면 30년은 그 공장 주변에 공장일꾼들이 마을을 만들어 함께 살면서 거주지를 형성했다. 농경산업시대를 고체사회라고 한다면 이제는 고체로 고정된 것은 아무것도 없는, 모든 것이 액체로 흐르는 강물의 사회Fluid Society, 액체 환경Fluid Environment이 되었다.

　우리가 살고 있는 시대에 이제 고정된 것이라고는 없다. 모든 것이 변하고 물처럼 흐르고 있다. 이렇게 사회를 물처럼 흐르게, 고체가 아닌 액체로 만드는 장본인은 바로 네트워크다. 모든 정보와 지식이 물처럼 흘러지나가고 있기 때문이다. 사람들은 이제 네트워크에 극도의 충성을 보인다.

종래에는 내가 유명인이 되지 않으면 내 말을 들어주는 사람이 없었다. 그러나 이제 신세대들은 트위터, 페이스북 등을 통해 자신의 불만이나 행복 등의 느낌을 표현한다. 미래사회의 흐르는 환경은 한순간도 한자리에 머물지 않고 계속 흘러간다.

또 자신의 목소리를 들어주는 소셜네트워크로 방향을 틀고 대의민주주의를 거부한다. 이제 나 대신 내 목소리를 내줄 대의원은 필요 없다. 미래의 사람들은 국회의원이 나를 대변해준다고 생각하지 않고, 그들이 우리가 원하는 바를 대신해준다고 믿지 않는다. 그러므로 이들은 직접민주주의의 장인 소셜네트워크에서 자신을 표현하고 싶어 한다.

최근 유엔미래포럼은 한국에서 악플, 댓글이 급속히 하락할 것이라는 예측을 내놓았다. 예전에는 자신을 표현할 수 있는 장이 포털이나 신문기사들에 다는 댓글이나 악플뿐이 없었는데, 최근 들어 트위터나 페이스북에 자신의 기분, 느낌, 불만, 즐거움을 자신의 이름으로 공개적으로 표현할 수 있게 되었기 때문이다.

남을 비난하거나 야유를 퍼붓는 대신 그 에너지를 긍정에너지로 바꿔 트위터나 페이스북에서 친구를 사귀고 "우리가 이런 운동을 하고 우리가 이렇게 세상을 바꾸어보자."라는 글들이 많이 올라오고 있다. 그러므로 악플 때문에 자살을 하는 일은 앞으로 없을 것이라 예측된다.

악플의 소멸과 함께 '우리가 이런 것을 해보자'라는 액션플랜이 올라오는 시대가 온다. 이미 기업이나 공공기관에서는 인력을 충원할 때 이력서를 보는 것이 아니라 페이스북 주소를 찾고, 페이스북에서 어떤 일을 했는지를 본다.

이력서는 거짓일 수 있지만 10년, 5년간 자신을 알린 페이스북의 글을 한꺼번에 지울 수는 없고 자신의 의사표현을 한 글들을 다시 주워 모을 수도 없기 때문이다. 그래서 일류기업들은 창의적인 아이디어를 내고 지역사회, 지구촌을 바꿔보자는 내용의 글을 많이 쓴 이들을 고용한다. 이제 악성댓글로 남을 헐뜯고 비난하던 사람들은 일자리를 찾지 못하는 세상이 오고 있다.

미래 네트워크사회에서는 프로젝트당 팀을 만들어 일하고, 재택근무에 인터넷베이스로 일을 한다. 그들이 만드는 사회에서 가장 중요한 요소이자 사람들이 모이게 되는 주요한 도시의 특성은 교육과 학습이 용이한 곳이다. 신도시의 부상은 이제는 땅값이나 아파트 값이 아니라 교육시설의 유무로 결정된다.

그다음이 수익창출이 되는 시장이 있는 곳인가, 연예인들이 거주하는 곳인가, 의료보건, 헬스케어 찜질방 등이 있는가, 백화점이나 쇼핑이 가능하며 미용실 등 좋은 서비스가 가까이 있는가, 스포츠 레크리에이션 시설이 있고 공기가 좋은 곳인가, 인간관계가 잘 형성될 수 있는 곳인가 등이고 마지막으로 시청이나 도청 등 정부기관에서 서비스를 받을 수 있는 곳인가를 본다고 한다.

미래사회의 일자리는 모두 비상근 자유업이 되기 때문에 2020년만 되어도 인구의 절반이 프리랜서가 될 것이라는 예측도 있다. 전문가들은 대부분 프로젝트를 찾아, 사업장을 찾아 자신의 전문 분야에 대한 서비스를 계약해서 따오는 형식으로 일하게 될 것이다.

미국의 노동통계청Bureau Labour Statistics에서는 금융위기 이후에 급격하게 높아지는 비정규직 파트타임이 2010년에 창출된 59만 3,000개의 일자리

중 68%인 40만 4,000개나 되었다고 발표했다. 선진국인 호주, 뉴질랜드, 영국 등에서도 여성들은 정규직보다 파트타임을 선호하는 것으로 드러났다. 사람들은 일자리가 점차 소멸한다는 사실을 알고 있다. 그리고 계약을 통해 비정규직으로 근무하는 것을 당연히 여긴다.

기업이나 비즈니스들도 이제는 아주 짧은 기간 일을 해줄 사람을 원하는데 내 공장의 물건을 미국이나 영국에서 지속적으로 10년 동안 사줄 것이라는 보장이 없기 때문에 공장을 지어도 정규직보다는 계약직을 더 많이 두는 것이 현실이다. 이렇게 정규직보다 계약직을 많이 두면서 경영의 묘를 살리는 운영기법을 액체 경영Fluid Management이라고 말한다.

미래에는 정부의 힘이 약화된다. 이런 예측은 2009년 3월 차세대 권력구조에 대한 예측에서 2030년이 되면 똑똑한 개개인들이 85% 정도의 권력을 가질 때 정부 혹은 대통령은 30% 정도의 파워를 갖게 된다는 보고서에 이미 나와 있다.

7
인터넷 다음은 스칼라넷이다

　인터넷은 인간의 삶을 송두리째 바꿔버렸다. 우리는 지난 10년 전의 우리의 삶을 이미 다 잊어버리고 늘 그래왔던 것처럼 살아간다. 하지만 10년 전만 해도 종이신문은 멀쩡히 살아 있었다. 하지만 미래학자들은 이미 훨씬 전에 전자신문을 예측했다.

　1978년 〈퓨처리스트〉에는 '전자신문'이라는 기사가 실렸다. 종이신문의 소멸을 알린 이 최초의 기사는 1978년 4월호에 실렸고 저자는 앨라바마대학의 신방과 교수인 케니스 에드워드였다. 〈퓨처리스트〉에서 케니스는 BBC가 텔렉스를 통해서 기사를 세계 각처에서 본사로 올리는 것을 사진으로 보여주고 또 그런 사진이나 그림들을 텔레비전과 링크해서 집에서 볼 수 있게 해놓은 편집장의 집을 소개했다. 통신수단이라고는 유선전화가 유일하던 당시로써는 황당한 이야기였다. 그는 또 그 기사에서 언론 소비자인 독자들이 기사를 쓰는 과정에 참여하기를 희망하게 된다고 예측했다.

에드워드의 미래예측은 전혀 받아들여지지 않았고 사람들은 그의 글을 까마득히 잊어버렸다. 그리고 10년 후 마이크 그린리가 세계 최초 인터액티브 전자신문기자로서의 경험을 〈퓨처리스트〉에 올렸다. 당시 그 글의 제목은 '인터액티브 저널리즘과 컴퓨터네트워킹의 새로운 경험들'이었다.

1986년에 세계미래회의는 사상 최초의 인터넷회의를 했는데 이를 그린리가 자세히 보도했고 당시 사용했던 컴덱스 컴퓨터의 사진을 크게 실었다. 그는 라스베이거스에서 개최된 컴덱스쇼를 소개했고, 1984년에 민주당 공화당의 전당대회가 사람들이 실시간 자신의 의견을 내는 인터넷회의로 이루어졌음을 상세히 다루었다. 하지만 사람들은 당시 그의 기사에 냉소적이었다.

그린리는 또 당시 뉴욕시장이던 에드 카치 같은 유명인사들과의 인터뷰 내용을 이동식 컴퓨터를 직접 가지고 가서(요즘은 노트북을 들고 가지만) 컴퓨터에 입력했다. 그린리가 컴퓨터에 올린 기사가 며칠 후에 기사가 되고, 독자들이 반응을 보이고 질문을 하는 형식으로 컴퓨터를 활용하는 최초의 인터넷신문이 만들어진 것이다.

그린리는 〈퓨처리스트〉에서 이렇게 말했다. "내가 당시 인터액티브 저널리즘(독자와 상호교류하면서 함께 쓰는 기사)을 표방하니까 많은 사람이 내게 전자메일로 질문도 하고 의견도 주면서 대화를 나누었다."

그린리는 "나와 몇 명의 기자들이 전자메일 등 전자저널리즘을 활용하고 있고 미래사회에 인터넷신문, 포털 등으로 모든 것이 옮겨갈 것을 주장했지만 당시 언론사 사장들은 우리가 무슨 말을 하는지 이해하지 못했다."

라고 술회한다. 사장들은 그저 주식거래상황, 뉴스, 날씨 등의 기사만 가지고 오라고 했다.

그린리는 "미래사회에 언론은 트위터, 소셜미디어를 통해 자신이 아는 지식을 적시 적소에 그냥 써 뱉는 형식이지, 원고지에 준비된 자료를 적어 넣는 것이 아니다. 원고지에 글을 올리는 미디어는 이미 죽었다."라고 주장한다. 하지만 그린리는 당시나 지금이나 유튜브 같이 동영상이 이렇게 많이 찍히고 올려질 줄은 상상도 못했다고 한다. 그리고 앞으로 이렇게 무분별한 정보를 규제하고 솎아내는 작업이 반드시 필요하다고 주장한다.

그는 아주 기본적인 예의나 에티켓은 반드시 지켜지도록 장치를 만들어야 한다고 주장한다. 특히 리트윗을 할 때나 남의 글을 퍼올 때 그 최초의 창작자는 반드시 알려지도록 해야 하는데 그렇게 창작자를 기리거나 존중하지 않으면 아무도 창작을 하지 않게 되어 인간은 결국 새로운 것이 없고 똑같은 것을 자꾸 돌려 볼 수밖에 없는 재미없는 세상에 살게 될 것이라는 것이다.

노스캐롤라이나대학교의 리차드 슬래타 교수는 그린리가 주장한 의사소통기술이 인간들의 소통을 더욱더 원활하게 해주면서, 협업하는 연구개발 분야가 부상한다고 주장한다. 이 새로운 기술은 교육포털을 만들 수 있는 툴인 스칼라넷으로 세계아카데믹 커뮤니티의 시작이라는 새로운 네트워크를 추축해주는 기술이다. 스칼라넷은 학계에서 연구, 개발, 협업하는 교육포털이다. 지금은 믿을 수 없겠지만 우리가 이제야 그린리가 주장한 인터넷의 위력을 알게 되듯 몇 년 후에는 리차드 슬래타가 주장하는 스칼라넷의 위력을 알게 될 것이다.

8
서버회사는 소멸하고 클라우드 컴퓨팅이 뜬다

 조지워싱턴대학교의 빌 할랄 교수는 앞으로 엄청난 양의 데이터가 오가는 시대, 클라우드 컴퓨터에 소프트웨어 다운로드로 슈퍼컴퓨터처럼 사용하게 되는 시기를 2015년이라고 예측했다. 시장규모는 미국이 약 480조 원, 전 세계는 1800조 원 정도라고 보았다.

 인터넷 강국인 한국이 초당 1기가의 데이터 전송속도를 내려면 3명당 스토리지 서버 1대가 필요하다. 국내에서 3,000만 인터넷 사용자가 동시에 들어오면 곧 1,000만 개의 서버가 필요한 시점이 온다. 그리고 이 1,000만 개의 서버는 수입을 해야만 한다.

 이로써 스마트폰 등 이동통신시장에 지형변화가 온다. 시장조사기관인 SA에 의하면 글로벌 스마트폰 시장규모가 2012년 4억 6,000만대로 늘어나면 서버가 기하학적으로 많이 필요하게 된다. 애플의 아이폰은 MAC OS를 탑재했으며, 구글은 안드로이드를 선보이는 등 각 인터넷업체들의 움직임이 빨라졌다. 이 많은 데이터센터의 서버가 어디서 만들어져야 하는지, 에너지소모는 얼마나 큰지 등은 큰 숙제가 아닐 수 없다.

그렇다면 대안은 무엇인가? 각국의 과학자들이 이 문제를 연구하기 시작한지 10년이 넘었다. 그들은 이것을 클라우드 컴퓨팅으로 해결하려 한다. 클라우드 컴퓨팅은 클라우드 서비스를 위한 IT 기반 환경을 말하며, 계속 늘어나는 여러 종류의 IT기술들을 새로운 인프라에 대한 투자 없이, 용량 증설 및 기능 추가로 슈퍼컴퓨터처럼 쓸 수 있는 기술을 말한다.

인터넷 자이언트인 Amazon EC2, Google Apps 등이 그런 것이다. 이렇게 되면 한국에서 수천억을 들여 수입하는 인터넷데이터센터IDC의 장비들을 수입하지 않고 슈퍼컴퓨터로 활용할 수 있고 속도와 기능도 확장할 수 있다.

썬 마이크로시스템즈가 달려들어 개발 중인 이 기술은 기존 IT시장의 한계 및 정체를 풀어주며, 인터넷 기반의 다양한 모델을 활용하게 해준다. 또 기존의 IT모델들의 불충분한 성장모델(비용, 속도, 복잡성)을 해결해준다. 인터넷 강자들의 움직임, 구글, 아마존, 세일즈포스닷컴 등을 보아도 이 방향으로 가는 것이 확실하다.

이 기술은 옥스포드대학 벤처기업인 이미디어트랙의 너레우스Nereus 기술이다. 이들은 기하학적으로 늘어나는 데이터를 보다 경제적으로 슈퍼컴퓨터와 같은 처리 능력을 제공하는 소프트웨어 방식의 인프라를 까는 기술을 개발했다. 별도의 시스템 증설 없이도 기존의 유휴IT자원들을 이용하여 구축할 수 있으며, 사용자와 개발자들은 새롭고 역동적인 방법으로 IT

자원들을 연계할 수 있다. IT자원들의 보안과 보호를 위해 이미 잘 알려진 자바애플렛으로 제작되었으며, 이러한 자바 기반이기에 너레우스는 여러 종류의 HW플랫폼 및 운영체제에서 문제없이 적용될 수 있다. 전 세계의 모든 컴퓨터를 연결할 수 있으며, 세계에서 가장 강력한 슈퍼컴퓨터 500개를 합친 컴퓨팅 파워에 100배 이상 되는 컴퓨팅자원을 구축할 수 있다.

핸드폰, 셋톱박스, 냉장고에서도 구동할 수 있는데 이 모든 것은 안정적이고 보안성이 뛰어난 자바 기반에서 제공된다. 아무리 위험한 프로그램이 게스트 환경에서 동작된다 하더라도 호스트 역할을 하는 컴퓨터자원이나 데이터에 어떠한 영향도 미치지 않는다. 2012년까지 현재보다 10배 빠른 1Gbps 초광대역 네트워크를 구축하려는 한국에 최적의 기술이다.

한국의 PC방에는 컴퓨터가 230만대가 있는데, 이를 묶으면 수백 개의 슈퍼컴퓨터 역할을 할 수 있다. 슈퍼컴퓨터란 결국 컴퓨터가 여러 개 붙어 있어 연산속도가 높은 것을 말하기 때문이다. 한국에서 HADOOP를 개발하는 업체들이 있지만 이미 구글이나 애플이 포기한 기술이므로, 현재는 너레우스 기술로 클라우드 컴퓨팅을 실시한다. 그러면 서버수입비용 절감, 네트워크 장비수입 절감, 전자정부 실현, 학생들의 슈퍼컴퓨터 활용이 가능해진다.

PC방을 소형 데이터센타로 묶어 IDC의 서버를 이용하여 서비스를 하는 모델로 PC방 업주는 전기료와 시설비를 절감하고 PC관리가 쉬워지는 등의 이점이 있는 동시에 IDC는 유휴장비를 이용하여 서비스를 제공하고, 게임사의 게임 배급유통사업에 참여할 수 있다. 또한 각종 바이러스, 특히 디도스바이러스에도 네트워크 보안이 해결된다.

교육 소프트웨어개발, 배급, 서비스 기반을 만들어 소프트웨어 개발사가 적은 투자비용으로 서비스를 시작할 수 있게 하는 비즈니스모델로 서비스량이 증가함에 따라 인프라를 손쉽게 확장할 수 있으며 인프라를 제공하므로 인프라 서비스 이용료를 받을 수 있는 배급모델로서는 애플 앱스토어Apple AppStore처럼 열린 시장을 만들고 사용자가 다양한 서비스를 선택하여 사용할 수 있도록 하는 모델이 가능하다.

또 기존장비에 자바 가상 머신인 JVM을 설치하고 자원을 가상화시켜 개별 PC자원이 필요한 개인 또는 회사에 판매할 수 있는데 그린PC방(소형 IDC사업), 고가의 소프트웨어 임대사업, 영상처리 등 컴퓨팅 Power 판매사업 등에 활용할 수 있다.

영국 옥스포드대학 벤처기업인 이미디어트랙은 너레우스라는 클라우드 컴퓨팅 핵심인프라 기술과 JPC라는 자바기반플랫폼x86가상화기술을 보유한 업체다. 클라우드 컴퓨팅은 차세대 IT핵심전략기술이자 그린 IT로 부상 중이다. 자바 기반으로 모든 컴퓨팅자원을 연계하는 기술로 가상 인터넷데이터센터IDC, 신클라이언트, 디지털컨텐츠, 모바일컴퓨팅, 대규모 연산처리 등 여러 IT 분야에 적용시킬 수 있는 솔루션이다.

한국 등 데이터센터의 운영비용 절감이 화두로 떠오르며 많은 업체가 가상화 및 클라우드 컴퓨팅을 도입하고 있다. 세계 1000대기업의 14%가 사설 클라우드인프라를 구축할 예정이다. 클라우드 서비스에 대한 지출은 연평균 27% 증가할 것으로 예상된다. 또 2012년에는 클라우드 서비스 시장이 420억 달러 규모로 성장한다는 예측이다.

영국금융회사는 너레우스 기반의 파생상품 시뮬레이션 시스템을 구축했고, 유럽천문학협회도 너레우스 기반 우주변화 분석 시스템을 구축하였다. 옥스포드대학교 물리학 교수 겸 이미디어트랙의 기술이사인 제프 생은 2012년이 되면 현재 데이터센터들이 소멸하고 대부분 클라우드 컴퓨팅으로 전환될 것이라고 예측했다.

서버랙이 빽빽이 들어 찬 데이터센터가 만들어내는 소리는 엄청난 전력을 소비한다. 컴퓨터 랙에 엄청난 전력을 퍼붓고 있고 여기서 나오는 열기를 식히려고 방 전체가 냉동실이다. 앞으로 이 엄청난 전력과 공간을 집어삼키는 데이터센터가 사라질 것이다.

최근 미국환경보호원US Environmental Protection Agency, EPA의 보고서를 보면 데이터센터가 쓰는 전기량은 610억kW로 2000~2006년 사이 두 배로 증가했다. 이것은 미국 전역 전기소비량의 1.5%가 넘는 양으로 미국 전역에서 동시에 TV를 시청할 때 소비하는 총 전기량을 초과한다. 하지만 매년 IT산업의 인프라는 두 자리 수 이상으로 성장한다.

이렇듯 데이터처리 속도도 빨라져야 하고 데이터처리 용량도 기하급수적으로 늘어나는데 대안은 없는가? 저전력프로세서가 이미 보편화되었지만 이것만으로는 불가능하다. 한 대의 컴퓨터를 여러 방법으로 사용할 수 있는 서버가상화기술도 발전하고 있다. 일반적으로 데이터센터는 보유자원의 3분의 1 정도를 사용하며 전체 전기량의 반 정도를 시스템 냉각 등 시스템의 운용에 쓰고 있다.

하지만 너레우스는 추가비용 없이 전 세계에 존재하는 컴퓨터의 유휴자원을 활용함으로써 필요한 자원과 컴퓨팅 파워를 얻는다. 현재 지구상에는 약 10억~20억대의 컴퓨터가 있다. 하지만 바쁘게 돌아갈 때에도 전체자원의 5% 정도만을 사용한다. 사용하지 않는 나머지 자원을 한데 모을 수 있다면 상상을 초월하는 방대한 규모의 컴퓨터를 구성할 수 있을 것이다. 현존하는 슈퍼컴퓨터 1순위부터 500번째까지 합한 것의 100배 정도 더 큰 규모의 슈퍼컴퓨터를 만들 수 있다. 우리는 이런 슈퍼컴퓨터의 자원을 쓰지 않고 낭비하고 있는 것이다. 이를 장비가격으로 계산하면 연 2백조 원 정도가 된다.

하지만 너레우스 클라우드 컴퓨팅기술을 활용하면 방대한 자원을 사용하는데 소액의 전기요금 외에는 추가비용이 들지 않는다. 모든 자원이 특정한 한 장소에 모여 있는 데이터센터와 달리 별도의 전력이나 냉각설비가 필요하지 않고 별도의 인프라를 새로 추가할 필요도 없다. 곳곳에 산재한 컴퓨터를 클릭 한 번으로 묶어서 사용할 수 있다.

옥스포드대학의 고에너지물리학 리서치그룹에서 만든 너레우스를 사용하면 방대한 데이터 연산 및 기록을 처리할 수 있다. 이 분량은 데이터가 들어 있는 데이터센터의 서버를 수직으로 쌓는다고 할 때 현재 민간항공기 제한고도의 세 배가 넘는다. 너레우스를 사용하면 전 세계를 엮는 초대형 컴퓨팅 및 네트워크 기반 서비스에 참여할 수 있다.

연결방법은 매우 간편한데, 웹페이지에 있는 링크를 클릭하는 것이다. 링크를 클릭하면 호스트 서버에 있는 자바애플릿이 설치된다. 자바애플릿의 보안 시스템은 호스트 컴퓨터를 안전하게 보호하며 이종코드는 호스트 컴퓨터의 패스워드나 개인적인 파일을 읽을 수 없도록 한다. 자바애플릿은 월드와이드웹에서 가장 뛰어난 보안방식이고 이미 십년에 걸쳐 증명되었다.

더욱이 개인의 컴퓨터는 코퍼레이트 방화벽에 의해 한 번 더 보호되기 때문에 너레우스 네트워크 연결 시 보안에 대해 고민할 필요가 없다. 각 컴퓨터를 너레우스 네트워크에 연결하여 기업의 시스템관리자는 전체네트워크 사용량 이종코드허용 사이트 등 너레우스 노드의 활동을 제한할 수 있다.

더 흥미로운 것은 너레우스를 통해 회사 간 재화를 교환할 수도 있다는 것이다. 한 회사가 다른 회사에게 특정 시간 동안 컴퓨팅자원을 임대해주고 그 대가를 받을 수 있다. 회사들은 이미 보유한 컴퓨터를 활용함으로써 최소한의 추가비용으로 데이터센터 및 관련 인프라스트럭처를 증설할 수 있다.

산재한 컴퓨터들을 한데 모을 때 발생할 수 있는 보안 문제를 극복함으로써 데이터센터를 넘어 세계에서 가장 큰 컴퓨터와 지금까지 대부분 사용하지 않던 자원을 너레우스가 활용케 해준다. 이는 녹색혁명의 가장 중요한 기술이 될 것이다.

9 서부로 금 캐러 가듯 해수농업이 뜬다

    미래학을 하는 사람들은 모두 탐험가다. 새로운 것을 믿고 실험도 한다. 작년에 이미 해수농업으로 만든 쌀밥을 먹어보았다. 우리나라 쌀처럼 차진 쌀이 아니고 안남미였지만 짠 느낌이 전혀 없고 일반 쌀과 구별을 할 수 없을 정도다. 아직은 실험실에서 만든 쌀이긴 하지만 많은 미국인이 골드러시 때 서부로 금을 캐러가듯이 해수농업에 투자하고 있다. 바닷물은 절대로 고갈되지 않기 때문이다.

    유엔미래포럼의 제롬 글렌 회장은 이처럼 해수농업이 급속히 부상하고 있다고 지적했다. 또한 해수농업 연구전문기관인 시워터 재단The Seawater Foundation의 창립자 칼 호지스는 "해수농업이야말로 지구촌 인구가 살 길"이라고 주장한다.

현재 수백 개의 연구기관이 생겼으며 10~20여 년의 역사를 가진 유수한 연구기관들인 시워터 재단, 국제농업연구자문단 Consultative Group on International Agricultural Research, CGIAR, 해수농업국제센터 International Center for Biosaline Agriculture, ICBA, USDA's Salinity Laboratory, 아프리카벼연구센터 Africa Rice Center, 스탠포드대학 솔라센터 등에서 깊숙한 연구가 이뤄지고 있다. 이미 해수에서 자랄 수 있는 쌀, 보리, 밀, 감자, 토마토 등 200여 종이 시제품으로 생산되고 있다.

제롬 글렌 회장은 기후변화에 대한 대안으로 20년 전부터 해수농업을 주장했다. 그의 주장에 의해 전 세계 수많은 과학자가 해수농업연구를 시작했다. 해수농업이야말로 물이 부족한 지구촌의 저탄소 녹색성장의 기본이자 해수를 농업에 이용하는 기술이 확보되면 아주 좋은 비즈니스가 될 것이라고 내다본 것이다. 전 세계가 심각한 물 부족에 시달리는 오늘날 지구 전체 표면의 70% 이상을 차지하는 해수를 사용할 수 있는 기술은 그만큼 시장성이 있을 것이라는 전망이다.

그는 "현재 1만 종 이상의 식물이 염수鹽水에서 자랄 수 있는 것으로 확인됐다. 해수를 이용한 농업기술의 개발은 이미 100여 건 이상 시도되고 있다."고 말했다. 또한 "열대 지역 해안의 수백 마일에 걸쳐 다양한 식물을 재배함으로써 미래 인류를 먹여 살릴 식량은 물론 동물사료로 쓰일 곡물도 기를 수 있다."고 내다봤다. 이외에도 그는 염수농법을 통해 바이오연료용 작물을 확보하거나 제지용 펄프작물을 기를 수 있는 데다 식물생장과정에서 이산화탄소를 흡수하는 등 온실가스 감축에도 기여할 수 있을 것으로 기대했다.

해수농업의 장점은 인간과 동물이 사용할 수 있는 작물과 해양동물을 키워 신선한 물을 구할 수 없는 세계의 불모지에 농업생산의 기회를 증가시킬 수 있고, 다량의 이산화탄소를 흡수하여 온실가스로 인한 지구온난화를 감소하고, 바이오연료로 사용할 수 있는 작물을 재배하여 화석연료의 의존도를 줄일 수 있다는 점이다. 그리고 일자리가 점점 줄어들고 있는 지역의 고용창출이 가능하며, 바다로 바로 흘러들어 가 해수오염을 일으킬 수 있는 양식장의 부영양화된 오수를 흡수하여 수질악화를 막아준다. 또한 불모지까지 확장하여 생물학적 다양성을 높이고 환경을 재창조하고 생태학적으로 건전한 발전을 이룰 수 있다는 것이다.

시워터 재단은 해수농업 연구기관이다. 창립자인 칼 호지스는 "해수농업에 대해 파악하는 것은 어려운 일이다. 그러나 그것이 바로 시워터 재단이 존재하는 이유다. 재단이 전 세계에 만들어 놓은 '통합해수농장'을 보라. 우리는 염분을 제거한 해수를 말하는 것이 아니다. 우리는 30년 전부터 해수를 직접 사용하거나 현존하는 양식장에 바닷물을 이용하여 작물을 재배하고 있다. 우리 프로젝트의 개관을 알고자 한다면 동아프리카의 에리트레아에서 마틴 신이 주관하고 있는 프로젝트의 비디오를 참조하기 바란다."고 말했다.

또 그는 '생태학과 균형의 경제학'이란 연설에서 "해수는 충분하다. 지구의 물 중 97%는 해수이며 지구상에서 유일하게 무한한 자원이다. 시워터 재단의 핵심 강점은 바로 해수이다. 담수 의존은 예전부터 위험요소가 있었다. 해수의 이용은 가뭄과 사막화를 완화시키며 세상에 새로운 농업, 새로운 식량자원, 새로운 부를 창출하는 도구가 될 것이다."라고 강조했다.

그는 "바히아 해수농장은 이웃에 있는 새우 양식장의 영양분이 풍부한 폐수를 자원으로 사용한다. 해수는 태양에 의한 광합성과 인간의 지성을 결합하여 푸른 해안선을 만들며 새로운 기업, 일자리, 생산품을 만들어 지구의 건강과 미래에 기여하게 될 것이다. 이것이 생태학과 균형경제이다. 우리는 현재의 지구를 보호하고 다음 세기에도 일자리와 급여를 제공할 수 있다고 믿는다. 사실 생태학과 경제학의 결합은 오랫동안 지구를 번영하게 하는 유일한 방법이다."라고 주장했다.

미국 스탠퍼드대학의 솔라센터 또한 에너지, 지구온난화, 토지, 깨끗한 물, 식품과 광물질을 위하여 해수를 이용한 관개농업에 대한 연구에 집중하고 있다.

10
미래 직업 '라이프디자이너'가 뜬다

2020년만 되면 지구상의 캐셔는 완전히 소멸한다. 2008년, 월마트 상점들은 모두 자동 체크아웃을 결정했다. 수많은 우체국직원도 사람들이 이메일이나 영상메시지를 유튜브에 올려버려 일자리를 잃는다. 자동차산업이나 제조업에서 수많은 일자리를 잃은 노동자들은 조류독감이 만연한 상황에서 전염병방역방제사로 일자리를 얻는다. 또 아무리 첨단과학이 발달하고 의료기술이 첨단화한다 하여도 사람들은 사망하고, 이 사람들의 주검을 다루는 장의사는 존재한다.

20년 후에는 현재 우리가 가지고 있는 직종은 대부분 존재하지 않는다. 미국 정부는 80%의 직업은 완전 소멸하고, 나머지 20%의 직업도 현재의 기술을 갖고서는 수행할 수 없이 변한다고 말한다. 기계가 통·번역서비스를 완벽히 수행하게 되어 통·번역사나 언어전공자들이 일자리를 잃는다. 로봇이 조종하는 비행기는 수많은 조종사의 일자리를 빼앗아 간다.

20년 후에는 석유시대가 가고 다양한 대체에너지가 경제성을 갖는다. 수소연료가 경제성이 있어 주유소가 많이 지어지고, 주유소에서는 사람들이 차를 가지고 오는 그 순간 수소를 그 자리에서 직접 만들어 판다. 수많은 수소에너지 매니저들이 생겨나 새로운 일자리를 갖게 된다. 자동차가 없어지므로 연료 소비가 줄어든다. 20년 후에는 자동차가 사라지고, 텔레포트 수리사가 자동차수리공을 대체하게 된다.

사람들은 텔레포테이션, 즉 원격순간이동을 믿지 않았다. 그러나 라이트 형제의 비행기를 보면서 사람들은 모두 "저건 결코 날지는 못 할거야."라고 하지 않았는가? 허먼 그룹의 창설회장인 로봇 허먼은 모든 물건은 순간이동이 가능하여 화물선, 화물차, 도로, 택배, 트럭운전수들이 대부분 소멸할 날이 멀지않았다고 말한다.

브레인 언더스탠딩(두뇌이해)이라는 과학은 좌뇌·우뇌의 역할을 더욱더 상세히 밝히고 있다. 유엔미래포럼은 인류행복지수향상운동으로 좌뇌인이 전공해야할 과목, 선택해야할 직종을 알려주며, 지금 무엇을 공부하고 10년 후는 무엇으로 바꾸고 20년 후는 무엇을 덧붙여 일자리를 갖는지 등 성공하는 사람으로 만들어주는 '라이프디자인' 프로젝트를 한다. 행복한 국민이 많으면 행복한 나라가 되고, 행복한 지구촌이 되면 범죄는 사라질 것이다.

포브스가 정한 미래 신新부상직종

신新부상직으로는 우선 유전자검색인Geen Screener이 뜬다. 진 스크리닝이라고 마약중독 테스트나 에이즈 테스트처럼 이제 모든 사람이 유전자를 검색하여, 자신의 질병 발병 시기를 알 수 있다. 전염병방제사Quarantine Enforcer도 뜬다. 조류독감 등이 세상을 혼란에 빠뜨릴 수 있는 확률이 높아지면서 전염병방제사, 방역담당관 등이 필요해진다. 홍수처리전문가Drowned City Specialist가 뜬다. 기후변화로 홍수가 잦아지면서 전문가가 필요해진다. 원격이동전문가Teleport Specialist가 뜬다. 텔레포트는 자신이 한 정류장으로 들어가서 사라졌다가 한순간에 다른 곳에서 나타나는 미래의 원격순간이동을 말한다. 자동차는 20년이 내에 소멸하거나 로봇과 함께 진화하고, 자동차기계공과 주유소도 사라진다. 대신 수많은 텔레포터가 남는다.

로봇 메카닉Robot Mechanics이 뜬다. 로봇이 미국에 일상적으로 팔리면 로봇기술사가 곳곳에서 컴퓨터수리공처럼 많이 필요해진다. 동물가디언이 많아진다. 동물들이 많아지면 동물을 지키는 가디언이 필요하다. 할리웃 홀로그래퍼가 많아진다. 할리웃에서 3D영화, 즉 홀로그래픽 TV영화를 홀로그래퍼가 찍는다. 집에서 설치하기가 힘들고 비싸서 3차원 3D화면의 홀로그래퍼가 만드는 영화로 사람들을 다시 영화관으로 끌어들이려 한다. 비행선파일럿Dirigible Pilot이 뜬다. 비행선은 비행기처럼 긴 활주로가 필요 없고, 인프라도 필요 없어 저개발국가에 안성맞춤이다. 우주관광가이드Space Tour Guide와 수소연료 매니저가 뜬다.

포브스가 정한 미래 영구 생존직종

정치인은 숫자는 많이 줄어들지만, 지구촌 온 국민이 그렇게 없애려고 노력해도 끈질기게 살아남는다. 윤락녀는 실제 인간이 아닌 안드로이드를 만들어서라도 살아남는 몇 안 되는 직업이다. 장의사는 아무리 첨단기술의료가 발전해도 마지막 가는 주검을 덮어주는 사람으로 결코 소멸하지 않는다. 세금관리원은 정부가 있는 한 정부의 수익을 올려 공무원의 월급을 주기 위해 살아남는다. 이발사는 살아남는다. 인생에 확실한 것은 없다. 그러나 죽음, 세금과 이발사는 영원히 살아남는다.

연예인은 살아남는다. 작가, 코미디언, 배우 등과 같은 연예인들은 살아남는다. 예술은 변하고 첨단기술과 함께 진화해도 사라지지는 않는다. 종교지도자는 언제나 필요하다. 범죄자는 영원하다. 부모라는 직업은 돈은 벌지 못하는 직업이지만 혼자는 생존할 수 없는 아이들을 누군가는 봐주어야한다. 병사는 영원하다. 세계인구는 늘어나고 종교도 늘어나지만 자원은 줄어들고, 자원전쟁에는 병사가 필요하다.

포브스가 정한 미래 소멸직종

수퍼마켓 점원은 사라진다. 현금을 만지는 사람이 사라지고 모든 돈은 칩으로 내기 때문에 20세기 그렇게 많던 캐시어는 소멸한다. 사람들은 신용카드나 디지털 현금을 이용한다. 필름현상가도 소멸한다. 노조가입자가 줄어든다. 노동조합리더가 사라진다. 백과사전 저자도 없어진다. 브리타니카는 소멸한다. 광산노동자도 없어진다. 건설노동자도 사라진다. 손으로 건설노동을 하던 노동자들은 소멸한다. 3D프린터로 대부분의 물건을 프린트해서 쓴다. 전투기는 수년 내에 모두 자동화된다. 전투조종사도 소멸한다. 전쟁터에 사람을 내보낼 필요가 없다. 이제는 기계나 로봇을 내보내기 때문에 전방이나 최전선에는 사람이 없다. 콜센터직원도 사라진다. 이제 수소, 태양열, 풍력, 바이오에너지로 살아갈 것이기 때문에 석유시추공 기술자는 필요가 없다.

11
2025년까지 세상을 바꿀 6가지 기술

국가미래보고서로써 가장 돈을 많이 들이고 가장 많은 미래전문가와 민간인이 쓰는 최고품질의 보고서는 국가정보위원회NIC의 '글로벌 트렌드보고서'다. 2010, 2015, 2020까지 나왔는데, 2025가 12월에 나온다. 2025년에 일어날 다양한 변화를 짚어주는데 특히 2025년까지 세계의 경제사회문화 대변혁을 가지고 올 6가지 첨단기술도 알려준다.

NIC는 '글로벌 트렌드 2025'를 쓰는 과정에 SRI 스탠퍼드 연구소에 앞으로 가장 큰 국민과 국가의 삶에 영향을 미칠 첨단기술이 무엇이며, 이 기술이 종래의 기술을 삼키고 새로운 장을 열어갈 것인데 어떤 것을 어떻게 바꿀 것인가를 연구하도록 하였다.

SRIC-BISRI Consulting Business Intelligence는 앞으로 다가오는 15년간 대변혁

을 가져오는 기술 즉 종래기술이나 사회구조를 파괴하는 기술 6개를 선정, 미국의 지역적, 군사력, 경제, 사회통합에서 어떤 변화를 가져올 것인가를 연구하였다. 여기에는 캘리포니아 멘로 파크 SRI 본부의 기술분석가와 영국의 SRI 유럽사무소 전문가가 참여하여 첨단기술, 기업활동, 사회 환경을 연구했다. 기술은 왜 개발되는지를 파악하고, 기술개발이 상업적인 성공이나 실패를 하게 되는 과정도 연구했다.

다양한 분야의 전문가들의 온라인 토론, 미래학자들과의 토론, 기술예측 지도개발, 스크리닝, 우선기술파악, 스캔 시스템을 동원하여 종합 102개의 종래기술 파괴기술을 찾아내었고, 그중에서 지구촌 사회인프라를 뒤집어 놓을 2025년까지 개발 가능한 6개의 기술이 도출되었다. 이는 세계 권력질서를 바꿀 기술로 미국의 권력을 강화하거나 약화시킬 기술로 밝혀졌다. 6가지 기술은 바이오기술, 에너지 저장물질, 바이오연료와 바이오 기반의 화학제, 클린석탄기술, 사교로봇, 인터넷이다.

기술 1. 바이오기술

바이오기술Bio geron Technology은 인간 삶의 기본 조건을 바꾸며 수명연장을 가능케 한다. 미래에는 고령화에서 겪는 다양한 질병을 치료하려는 값비싼 의료비용이 문제가 된다. 평균수명이 연장되면 경제적, 사회적, 의학적인 비용부담이 눈덩이처럼 늘어난다. 특히 신약개발이나 신의료기술개발은 비용이 더욱더 많이 들고, 헬스케어에 국가예산의 책정이 상상할 수 없이 늘어난다. 국가는 고령화로 인한 인구구조, 건강하게 장수하겠다는 새로운 욕구, 고령인구의 다양한 사회활동 참여욕구를 반영하여 현존하는 모든 경제사회정책을 고칠 수밖에 없는 상황이 온다. 모든 법령이 65세 은퇴에 맞춰져 있는데, '은퇴 없는' 사회가 오며 나이 제한을 불법으로 보기 때문에 사회질서에 엄청난 변화가 올 것이다.

기술 2. 에너지 저장물질

이제까지 주로 교통과 이동성 기기나 기구에 사용하던 에너지 저장기술이 더욱더 발전한다. 배터리소재, 울트라배터리, 수소 저장물질 등의 연료전지기술이 개발된다. 새로운 소재의 물질이 개발되면서 시너지가 일거나 전통적인 소재기술을 가진 자, 즉 석유나 석탄의 사회구조를 가진 SOC와 그런 서비스를 하는 자들과 갈등이 일어난다.

가장 큰 사회변화는 글로벌 사회경제구조의 변화다. 에너지 저장물질Energy Storage Materials이 개발되면서 전 세계 경제구조가 화석연료 즉 석탄이나 기름의 유통으로 지어진 모든 건물이나 도로나 주유소나 가정집들의 패러다임이 바뀐다. 즉, 석유생산지에서 전력회사를 지어 전기를 각 가정에 공급하면 유조선, 유조차량, 주유소, 정류시설이 필요 없어지고 각 가정에서 전기를 받을 구멍 하나만 만들면 된다. 석유가 아닌 연료전지를 사용하게 되어도 마찬가지다. 현재로서는 바이오연료가 석유, 디젤, 가스 등을 대체하기에 가장 가까운 기술이다.

기술 3. 바이오연료와 바이오 기반의 화학제

바이오연료Biofuels는 지구온난화에 도움이 되며 온실가스를 줄인다. 기후변화센터 등에서 감시강화와 규제강도에 따라 바이오연료로 가는 시기가 결정된다. 미국은 이미 다양한 국가들과 바이오연료로의 사회전환에 동참하고 있다. 바이오연료로 세계가 진입하면 현존하는 에너지시장은 붕괴되고 새로운 에너지시장이 뜬다. 에너지 효율적인 바이오연료로 가면 미국의 에너지안보가 보강되는데, 이는 유전확보전쟁에 국제경쟁이 감소하기 때문이다. 미국이 바이오연료 경제를 개발하지 않으면 미국의 적인 중동의 산유국에 더욱더 의지하게 되면서 미국의 에너지안보가 위태로워진다. 바이오연료의 부산물제품제조가 크게 뜰 수 있다.

기술 4. 클린석탄기술

클린석탄기술Clean Coal Technologies이 개발되면 대규모 전력생산이 효율적으로 이뤄지고 온실가스가 감소하며, 석탄을 이용한 에너지가 보장된다. 현재 석탄매장량이 많은 나라에서 이 기술을 개발 중이지만 성공확률은 낮다. 클린석탄은 바이오연료나 연료전지 자동차 등이 나오기 이전에 개발되어 잠깐 활용 가능하지만, 현존 SOC를 사용하여 화력발전소 등에 사용하면서 이산화탄소를 줄일 수 있다. 만약 클린석탄기술이 개발되면 곧바로 중동 산유국에 대응하는 에너지시장이 생길 것이며, 미국이 관심을 갖는 석유생산국과의 외교관계 등 미국으로서는 또 다른 지리적인 안보 불안이 발생할 수 있다.

기술 5. 사교로봇

로봇 인간이 수행 중인 다양한 일자리를 대신할 수 있다. 이미 단순로봇과 자동차공장에서 복잡한 공정을 맡는 로봇들이 나와 있다. 로봇의 사용은 토목공사나 병력대체효과를 가진다. 로봇의 지능을 개발하는 데는 아직도 많은 노력이 필요하지만 제조업에서는 이미 인간대체효과를 보인다. 2025년이 되면 하드웨어, 즉 센서, 발동기, 전력 시스템, 그리고 소프트웨어에서 로봇이 다양한 사교서비스를 담당하게 된다.

생명에 위협을 주는 다양한 테러현장에서 무인로봇이 활용될 것이며 기업에서 이미 제조 중이다. 무인병력 시스템으로 군사력에 많은 로봇이 들어오며, 로봇이 스스로 자율성을 가지고 국방력을 대체할 수 있어 시너지효과를 가지고 올 수 있다. 인간지능을 갖게 되면 대부분의 군인이 로봇으로 대체되거나 군인의 역할과 기능이 크게 향상된다.

고령화사회에 고령인구 도우미로서의 로봇개발이 진행 중이며, 인간지능까지 가진 로봇이 인간과 함께 고령인구를 돌보고, 재활치료와 언어교육을 담당할 수 있게 된다. 도우미로봇은 값싼 노동력을 제공하며 가정도우미, 호텔 서비스업종의 일자리가 로봇에게 빼앗길 수 있다. 이들에게 무슨 일자리를 제공해야 하는지 고민해야 한다.

기술 6. 인터넷

2025년까지 인터넷은 모든 곳에 연결될 것이다. 자신의 가구나 집기에 연결된 인터넷을 리모트, 즉 먼 곳에서 조종하는 시대가 온다. 인간이 기기를 리모트콘으로 조종하고 모니터링하면 기기는 일반적인 인간의 일을 대신하게 된다.

인터넷은 세상을 바꾸는 기술이 된다. 인터넷을 통해 수요와 공급체인을 조종하거나 능률적인 방식으로 개발하면 유통 분야에서 혁명이 일어난다. 값이 절반으로 싸지거나, 효율성이 두 배로 높아지거나, 인간노동에 의존할 필요가 없어진다. 다양하게 유통된 물건에 센서데이터가 가능하여, 물건을 누가 도둑질하거나, 누군가가 물건을 매점매석하거나, 물건이 골고루 배치되지 않거나 한곳에 집중되는 것을 금방 파악할 수 있다. 훔친 물건이나 잃어버린 물건도 금방 찾을 수 있다.

앞으로 인터넷은 더 많은 물건의 정보를 갖게 되어 유통혁명이 온다. 아주 비싸고 좋은 물건만 한곳에 집중되어 사회통합이 이루어지지 않는 상황이라면 이러한 물건들의 재배치나 다양한 사회복지 문제를 해결할 수도 있을 것이다.

**FUTURE
FORECAST
REPORT**

미래예측보고서 5

환경보전의
거대 강풍이
휘몰아친다

CO₂를 먹어 없애주는 고마운 미세조류

중소송당하는 세계의 대기업들

장아남고 싶다고? 바다 위에 답이 있다

2030년, 남해안이 가라앉는다!

방사선 오염물질을 먹는 미세조류가 있다

식유를 대체할 최적의 에너지양자

2015년이면 석유회사들이 배소한다

'지구온난화' 대처, 운8시가 아니라 만 해서 당한다

1
CO_2를 먹어 없애주는 고마운 미세조류

미래 최대 글로벌 부상산업을 가장 정확하게 파악하기 위해서는 미국 실리콘밸리의 벤처자본금이 어느 쪽으로 흘러들어 가느냐를 보는 것이 중요하다. 실리콘밸리 상공회의소와 실리콘밸리 벤처협회에 따르면, 실리콘밸리에서는 2006년부터 60% 이상을 대체에너지 생산에 투자하고 있다. 정보기술IT 등 하이테크산업 중심에서 에너지생산기술 개발 및 투자로 선회한 투자의 귀재들을 보면 우리도 이제 어느 산업으로 돌아서야 하는지를 알 수 있다. 투자의 귀재들은 태양광과 알지Algae라는 미세조류 바이오연료 생산에 가장 많은 투자를 하고 있다. 석유, 석탄은 미세조류가 땅속에 묻혀 수십억 년이 지나 생긴 것이다. 파낼 석유가 곧 고갈되므로 이제 그 에너지를 인류가 직접 키우자는 것이다.

최근 미국 루이지애나 주 랜드루 시큐어 상원의원은 미세조류로 바이오연료를 만들기 위해 12억 6,000만 달러(약 1조 4,000억 원)나 되는 연방예산을 확보했다. 이에 앞서 미국 국무부과 에너지부, 해군은 바이오연료에 대한 공동투자계획을 발표했다. 미국 정부는 앞으로 3년 내에 에너지안보를 위해 바이오연료 생산에 5억 1,000만 달러를 투자할 방침이다. 민간 매칭 펀드를 하게 되면 이번 미국 정부 발표로 바이오연료시장에 약 10억 달러가 넘는 돈이 투자되는 셈이다. 2010년부터 액체연료, 즉 미세조류 등 바이오연료기술이 파일럿 프로젝트에서 대량생산으로 옮겨가고 있기 때문에 미국 정부가 대규모 투자를 하기로 결정한 것이다.

이러한 미국 정부의 변화에 호응해 영국 정부도 새로운 대안을 내놓았다. 거대한 비행기 모양의 '합성 나무'인 미세조류 나무가 빌딩의 벽에 튜브 모양으로 올라가고 지붕 위에도 담쟁이처럼 올라가서 지구온난화 기후변화의 주범인 이산화탄소를 제거하도록 하겠다는 것이다. 햇빛이 많은 곳에서는 이 인공나무를 얼마든지 심을 수 있다. 미국의 기계공학 연구소가 실험에 성공한 신기술로 지구 곳곳에 이런 나무를 심으면 기후변화를 막을 수 있다고 한다.

이 인공나무의 잎들은 공기 중의 이산화탄소를 나무보다 수천 배나 더 많이 제거할 수 있다고 한다. 미국 기계공학 연구소의 환경과기후변화팀장 폭스 박사는 10만 개의 인공나무를 1,500에이커(약 180만 평)에 심으면 영국의 모든 이산화탄소를 제거할 수 있다고 주장했다. 이것은 180만 평의 땅이면 영국의 발전소, 공장, 주택, 교통 및 조명산업에서 방출하는 모든 이산화탄소를 제거할 수 있다는 의미다.

그는 500만 에이커의 땅에 이 인공나무를 심어 알지 미세조류를 키우면 전 세계 이산화탄소를 없앨 수 있으며, 동시에 바이오연료나 미래의 단백질원으로 주목되는 스피룰리나Spirulina를 생산할 수 있다고 주장한다. 발전소, 공장 등 대규모로 이산화탄소를 방출하는 곳과 가까운 거리에 미세조류 인공나무 숲을 만들어 공기 중의 이산화탄소를 미세조류가 먹도록 하면 효과가 있다. 특히 자동차로부터 나오는 이산화탄소를 없애기 위해 고속도로 주변에 미세조류 나무를 심는 게 좋다.

영국에서는 이산화탄소를 가장 많이 방출하는 발전소의 이산화탄소 배출량을 줄이기 위해 의무적으로 이 미세조류를 생산하게 할 예정이라고 한다. 더비어 인피니티 바이오 디젤의 회장 프리크 더비어는 땅이나 농수를 사용하지 않아 농업과 경쟁하지 않으면서도 폐수와 이산화탄소를 영양분으로 먹고 바이오디젤을 만드는 미세조류야말로 기후변화의 대안이라고 말한다. 우리나라는 지구촌에서 이산화탄소를 많이 배출하는 8위 국가다. 기름 한 방울 나지 않는 나라임에도 대규모 원유수입국인 입장에서 미세조류의 연구와 개발을 제안해 본다.

발등에 불 떨어진 대기업의 대안

보령발전소와 하동발전소 등에서는 CO_2를 격리시키고 농도를 높여서 그것을 넣을 용기나 그다음 기술이 없어서 농도 높은 CO_2를 다시 공기 중으로 내뿜고 있다. 조나단 트렌트 박사는 이러한 한국의 상황에서 현재 1석 3

조인 폐수를 먹고 CO_2를 먹으면서 부산물로 바이오연료를 생산하는 알지 미세조류의 대량생산이 시급하다고 주장한다. 국제기구의 압력을 받게 되기 때문에 대통령이 해외 출장을 갈 때마다 국내에서는 온실가스를 줄이는 대안을 발표하지 않을 수 없게 된다는 것이다. 실제로 환경부의 내년도 온실가스 총 감축목표량 발표로 국내 458개 업체가 떨고 있다.

10월 10일 환경부는 포스코와 삼성전자 등 온실가스를 많이 배출하는 458개 업체는 내년에 예상배출량 대비 1.44%에 해당하는 온실가스를 줄여야 한다고 발표했다. 이를 제대로 이행하지 않으면 최고 1,000만 원의 과태료를 무는데, 금전적 불이익은 크지 않지만 녹색성장에 배치되는, 환경을 파괴하는 기업이라는 이미지 손상이 큰 문제다. 환경부는 '온실가스·에너지 목표관리제' 대상업체들의 2012년 온실가스·에너지 목표를 확정해 해당 업체들에 통보했다. 온실가스·에너지 목표관리제는 12만 $5000CO_2t$ 이상의 온실가스를 배출하는 업체를 지정한 뒤, 감축목표를 설정하고 이행을 직접 관리하는 제도다. 2020년까지 국가 온실가스 감축목표를 배출전망치 대비 30% 감축하기로 한 방침에 따른 첫 적용이다.

458개 관리업체들의 내년도 온실가스 총 감축목표량은 전체 예상배출량 6억 $600만CO_2t$의 1.44%인 872만 $7000CO_2t$이다. 부문별 감축률은 산업·발전 분야가 전체 감축량의 95%를 차지한다. 건물·교통 1.4%, 농림식품 0.3% 순이었다. 업종별 감축량으로는 발전이 364만 $5000CO_2t$으로 가장 높다. 정부는 온실가스 감축목표와 함께 내년도 에너지 절약목표도 예상사용량 759만 6000테라줄(TJ) 대비 10만 9000TJ을 절감한 748만 7000TJ로 설정했다.

정부는 제도 시행 첫해라는 점을 감안하여 이번 목표제와 관련한 사후관리 방안을 마련하고 업체의 신·증설계획 변경 등이 있는 경우 이의신청 기간에 예상배출량을 조정하고 실태조사를 통해 배출량과 목표를 조정할 계획이다. 감축목표를 할당받은 업체들은 연말까지 이행계획을 제출하고 2012년 이행 실적을 2013년 3월까지 보고해 평가받는다. 목표를 달성하지 못하면 정부의 개선 명령이 내려지고 이를 어기면 1차 300만 원, 2차 600만 원, 3차 1,000만 원의 과태료가 부과된다.

이재현 환경부 기후대기정책관은 "업종별 온실가스 감축률이 지난 7월 발표한 국가 온실가스 감축목표 로드맵에 비해 늘어난 것은 관리업체들이 제시한 예상배출량과 정부가 계산한 예상배출량의 차이 때문"이라며 "관리업체와의 협의를 통해 목표를 설정했고, 에너지이용효율 향상 등 온실가스감축 여력은 충분하다."고 말했다.

그러면 전 세계에서 CO_2를 감축하는데 사용되는 미세조류 생산량 중 바이오연료 생산은 어느 정도인지 2011년 알지 유 생산현황을 살펴보자.

www.emerging-markets.com

바이오디젤 2020보고서, 글로벌 마켓 서베이의 보고서에 의하면 바이오디젤 생산과 시설구축은 2002년에 연간 2.2백만 톤, 2003년에 2.6백만 톤, 2004년에 2.8백만 톤 생산시설을 구축하고 그만큼 생산했다. 하지만 2005년에는 6.5백만 톤의 생산시설에서 3.6백만 톤만 생산했고, 2006년에는 12.2백만 톤 생산시설에 7.1백만 톤을 생산, 2007년에 23.1백만 톤 생산시설에 9백만 톤만 생산, 2008년에는 32.6백만 톤 생산시설에 단지 11.1백만 톤만 생산했다.

이때는 바이오디젤의 가격이나 판매 어려움 등 법적·제도적인 정비작업이 되어 있지 않고 사회가 신재생에너지의 필요성을 깨닫지 못했던 시절이었다. 하지만 각국 정부의 CO_2배출양 교토의정서, 2009년 코펜하겐 ippc 회의, 그리고 2015년 탄소배출량감소 이행국들이 속출하면서 이미 생산시설은 구축되어 있으므로 2013년에는 대량생산이 시작될 것으로 본다.

세계적으로 가장 많은 바이오연료를 생산하는 회사들이 어느 정도의 바이오연료를 생산하고 있는지 보자.

알제놀Algenol은 알지로부터 에탄올을 생산 중인데, 2009년에 프로스트 & 설리반에서 알제놀 바이오연료 북미최고기술상을 받았다. 이 회사는 바이오연료 파일럿 생산시설구축에 2500만 불의 "미국회복 재투자법"에 따라 정부지원을 받았는데 알지 미세조류를 사용하여 CO_2를 제거하고 에탄올을 생산하고 있다. 2010년 2월에 리 카운티에 4만 3천 제곱푸트의 땅을 받아 에탄올을 생산하기 위해 협정서를 맺었고, 리 카운티에 이미 많은 일자리를 창출하고 있으며 2010년부터 생산을 시작 중이다.

아쿠아 플로우 바이오노믹스Aquaflow Bionomic는 뉴질랜드 회사로 4개의 주요 프로젝트를 진행 중이다. 첫 번째가 블렌하임 지방 폐수처리작업으로 아쿠아 플로우는 뉴질랜드의 블렌하임 지방정부의 폐수처리장에서 폐수처리를 하고 알지를 생산하고 있다. 기본적으로 야외 60헥타르에 폐수처리장에서 가정용폐수와 도시폐수, 농업폐수 특히 포도주 생산공장폐수 등을 처리 중인데, 연간 50억 리터의 폐수를 처리한다.

두 번째는 뉴질랜드의 로토루아 호수의 수질을 개선하는 프로젝트를 진행 중이다. 일단 호수에서 다른 알지 균주들을 제거하고 수질을 정화하는 파일롯 프로그램을 진행한다. 세 번째는 2010년 3월 3일에 공장폐수를 정화하는 작업을 시작했는데, CO_2를 알지 미세조류에 먹이고 폐수를 주입해서 바이오연료를 생산하는 방식으로 하니웰의 UOP 팀과 함께 일하고 있다. 네 번째는 하니웰의 UOP 팀과 함께 긴밀히 협력하며 미국의 그린 크루드 TM이라는 알지 바이오매스 제품을 정류하는 작업을 하고 있다. http://www.aquaflowgroup.com

솔라자임Solazyme은 최근에 30여 개의 바이오연료기술을 발표했다. 이 기술은 종래 기술을 전부 바꾸는 기술로 알지배양의 신기술이다. 솔라자임은 알지에다가 설탕을 직접 주입하는데 성공했다. 지금까지는 광합성 작용으로 알지에게 설탕을 먹였지만 이 기술은 태양 없이도 알지를 키울 수 있다. 광합성 작용의 비효율성을 뛰어넘어 상업적인 대량생산으로 가는 기술을 개발한 것이다. 2008년에 솔라자임은 처음으로 알지유를 100% 바이오디젤로 만들어서 미국신소재기술검사회American Society for Testing and Materials, ASTM의 까다로운 D-975기술과 울트라 저유황 디젤 표준The Ultra Low Sulfur Diesel, ULSD을 통과했다. 2008년에 솔라디젤으로 머세디스 벤츠를 몰아 "선댄스 2008" 자동차 경주대회에 참가하기도 했다. 또한 솔라자임은 세브론 기술벤터와 공동으로 바이오디젤 개발 검사 협정서에 서명하기도 했다.

솔라자임은 미해군에 검사와 품질보증을 위해 비행기 연료용 알지유를 1,500갤런을 보내기로 하고, 미해군으로부터 연구개발비용과 미해군 함대에 사용될 알지유 2만 갤런을 생산하여 제공하기로 계약을 맺었다. 조나단 울프슨 솔라자임 사장은 미해군 함대에 사용될 알지유 850만 달러, 그리고 미해군 제트기용 알지유를 위해 20만 불을 지불받았다.

빌게이츠가 최대투자자인 사파이어는 최근에 전 몬산토 사장이었던 로버트 사피로, 전 BP 사장이었던 데이빗 앨런, 벤처와 바이오테크의 사장이었던 데이빗 쇼를 이사진으로 맞아들였다. 그리고 2010년 미국의 경제회복법에서 지원하는 1억 450만 불의 정부자본금을 제공받았다. 현재 이 지원금으로 사파이어 에너지는 통합 알지정류공장을 만들고 있다.

2 줄소송당하는 세계의 대기업들

　기후변화의 원인을 제공하는 석유회사를 상대로 환경오염에 대한 보상을 요구하는 민간인들의 소송이 급증하고 있다. 기후변화 즉 홍수, 지진, 그리고 우면산 산사태 등에서 피해를 본 민간인들이 국가를 상대로 손해배상 청구를 하는 대신 기후변화와 지구온난화의 주범인 이산화탄소를 많이 배출하는 한전, 포철, 삼성 등 대기업 공장을 상대로 소송이 일어난다. 이는 서구에서는 이미 진행되고 있는 사회 현상이다.

　기후변화소송 즉 지구온난화 피해소송은 피해지역이 증가하면서 소송이 증가하는 추세다. 해수면 상승으로 수몰될 위기에 처한 남태평양 섬나라 투발루는 2002년 미국과 호주 등 선진국들을 상대로 소송을 제기했다. 그 후 투발루는 다국적 석유기업, 발전소 등을 상대로 다양한 소송을 내놓고 있다. 그 이유는 국가는 가난한데 기업은 부자이기 때문이다.

2006년 9월에는 미국의 캘리포니아 주가 GM과 토요다 등 세계적인 자동차회사들을 상대로 지구온난화에 대한 수십억 달러의 손해배상 청구소송을 캘리포니아 북부지방법원에 제출했다. 거대 자동차회사인 두 회사 외에 포드와 클라이슬러, 미국 혼다와 닛산 자동차의 북미 지사 등 6개의 자동차회사들이 소송에 걸렸다. 자동차회사들이 만들어낸 차량에서 나온 배기가스가 지구의 대기를 오염시킨 것에 대한 지구온난화의 책임을 물은 것이다. 로키어 검찰총장은 로이터 통신과의 통화에서 "자동차 배기가스는 자원과 사회간접자본시설, 미국의 인구밀집 도시들의 환경을 손상시키는 지구온난화의 주범이다. 자동차회사들로부터 수십억 달러의 배상을 받아낼 것이다."라고 말했다.

시에라클럽 지구온난화 프로그램의 소장인 댄 베커는 "캘리포니아 주는 온실가스 배출량을 25% 감축하는 새로운 법을 통과시켰다."라고 말하면서 "자동차들이 캘리포니아의 대기에 끼친 오염과 미래의 지구온난화에 미칠 손해와 손실을 돈으로 환산한 것이며, 캘리포니아 주는 매년 해안부식과 홍수 통제를 위한 기간시설과 천연자원을 보존하기 위해 수십억 달러를 쓰고 있다."라고 밝혔다.

2008년 2월 기후변화로 마을이 침수되자 주민들이 대형 석유회사인 엑슨모빌과 셰브론 등 에너지관련업체들에 책임을 묻고 나섰다. 2010년 3월에는 온난화의 피해를 보상하라는 다윗의 반격이 시작되었다. 알래스카 섬 주민인 400명의 다윗이 기후변화를 죄목으로 거대기업인 골리앗을 법의 심판대에 올렸다. 〈뉴욕타임스〉는 3월 27일 알래스카의 작은 섬 키발리나

주민 400명이 기후변화의 책임과 그에 따른 피해를 보상하라며 엑슨모빌과 셸 등 미국의 거대 정유·전력업체와 석탄업체 20여 곳을 상대로 4억 달러 규모의 집단소송을 벌이고 있다고 보도했다. 호텔도, 레스토랑도, 영화관도 없는 이 조그만 에스키모 섬 주민들은 거대 에너지업체들이 발생시키는 온실가스로 인해 빙하가 녹아내리면서 이 섬의 침식이 가속화되고 있으며 강풍이 불면 온 마을이 곧바로 피해에 노출되기 때문에 안전한 곳으로 이주할 수 있도록 모든 비용을 제공하라고 요구하고 있다. 종래는 이런 소송이 기각되었지만 2010년을 기준으로 기후변화와 관련한 지방법원들의 판결이 항소심에서 잇따라 뒤집히고 있다.

실제로 코네티컷에서 환경변호사들이 미국의 8개 주 및 뉴욕 시의 검찰과 합세해 5개 정유회사를 상대로 진행 중인 지구온난화 피해소송과 미시시피 주에서 해변 부동산 소유주들이 2005년 허리케인 '카트리나'의 피해를 증폭시킨 것은 기후변화 때문이라며 관련산업을 상대로 낸 소송이 모두 지방법원에서는 기각됐지만 항소심에서 이들이 계속 소송을 진행할 수 있도록 판결이 번복됐다.

〈뉴욕타임스〉는 "최근의 판결들은 키발리나소송에도 매우 고무적인 일"이라며 "과거 거대 담배회사를 상대로 한 집단소송들이 초기단계에서는 별다른 진척을 보이지 못하다가 결국 중대한 대법원의 판결이 내려지면서 회사들이 엄청난 피해 보상을 했고 정부의 흡연 규제도 강화된 것처럼 법원이 이제는 기후변화 이슈의 전쟁터로 부상하고 있다."라고 전했다.

2009년 12월 코펜하겐에서 열린 유엔기후변화회의에서 세계 100여 개국 정상은 '교토의정서' 이후를 대비한 협약체결을 시도했지만 온실가스 배출 규제를 둘러싼 각국의 이해관계와 인식 부족 등으로 구속력 있는 합의도출에 실패했다. 정부는 합의도출에 실패했지만 민간인들이 기후변화 원인기업을 상대로 대규모 소송을 내게 되면서 민간들의 전략이 정부를 제외시킨 지구촌 목소리를 모으는 작업을 하고 있다. 2012년부터는 국가나 대기업을 상대로 기후변화 손해배상소송이 봇물 터지듯 쏟아질 것이다. 이미 소송을 준비 중인 개개인이 수천만 명에 달한다.

그럼 온실가스를 가장 많이 배출한 나라는 어느 나라일까? 〈가디언〉의 2011년 4월 21일자 기사를 보자.

코펜하겐에서 개최된 유엔기후변화회의에서 기후학자인 악셀 스미트는 온실가스 배출을 전체 배출량, 1인당 배출량 등으로 구분할 수 있다고 하였다. 현재 CO_2 배출량을 측정하는 방법으로는 각국에서 화석연료가 태워지면서 내는 배출량을 재는 방법이 있다.

2009년 자료를 바탕으로 미국에너지정보행정연구원US Energy Information Administration이 CO_2의 배출량을 측정한 결과 1위는 지구촌 총 CO_2 배출량 중 25.4%를 차지한 중국7,711million tonnes(이하 MT), 2위는 미국5,425MT, 3위 인도1,602MT, 4위 러시아1,572MT, 5위 일본1,098MT, 6위 독일766MT, 7위 캐나다541MT, 8위 한국528MT, 9위 이란527MT, 10위 영국520MT이었다. 하지만 화석연료로부터 나오는 CO_2와 비화석연료에서 나오는 CO_2를 전부 합쳐서 볼 때는 브라질, 인도네시아 등이 개간개발을 위해 밀림지를 태우면서 내보내는 CO_2가 많아서 순서가 바뀐다. 1위 중국7,216MT, 2위 미국6,931MT, 3위 브라질2,856MT, 4위 인도네시아2,046MT, 5위 러시아2,028MT, 6위 인도1,870MT, 7위 일본1,387MT, 8위 독일1,005MT, 9위 캐나다808MT, 10위 멕시코696MT다.

국민 1인당 CO_2 배출은 호주가 가장 많고 인구가 많은 중국과 인도는 낮다. 1위 호주19.6tonnes(이하 T), 2위 미국17.7T, 3위 러시아11.2T, 4위 독일9.3T, 5위 영국9.3T, 6위 중국5.8T, 7위 인도1.4T, 아프리카1.1T, 차드0.03T 등이다. 세계평균은 4.5톤이다.

CO_2는 공기 중에 수백 년간 잔존한다. 지금까지 배출한 양을 전부 합쳐보면 1위 미국339,174MT, 2위 중국105,915MT, 3위 러시아94,679MT, 4위 독일81,194.5MT, 5위 영국68,763MT, 6위 일본45,629MT, 7위 프랑스32,667MT, 8위 인도28,824MT, 9위 캐나다25,716MT, 10위 우크라이나25,431MT 등이다.

하지만 CO_2를 가장 많이 배출하는 중국에서 만드는 물건을 직접 사용하는 사용자가 내는 CO_2를 계산하면 소비가 가장 많은 미국이 1위가 된다. 1위인 미국은 1인당 29톤, 호주 21톤, 캐나다 20톤, 스위스와 핀란드 18톤, 네덜란드와 벨기에 17톤, 아일랜드와 사이프러스 16톤, 영국 15톤 등의 순이다. 이때 중국은 1인당 연간 CO_2를 단지 3.1톤, 인도는 1.8톤 배출하는 것으로 드러났다.

3
살아남고 싶다고?
바다 위에 답이 있다

 지구탄생 이래 최초로 탄생한 단세포 생명체는 알지 미세조류다. 인간이 탄생한 곳도 그러므로 바다(물)라고 할 수 있다. 지구온난화 기후변화로 인간은 다시금 물과 가까이 하지 않으면 안 되는 상황이 되었다. 그래서 미래학자 짐 데이토는 '물을 환영하자'라고 주장한다. 그는 바다 위에 부상하는 도시는 교통혼잡을 막고, 배를 이용하여 건물과 건물을 순식간에 이동하는 새로운 산업이 부상할 것이라고 한다. 이탈리아의 베니스를 보아도 인간은 적응의 동물임을 알 수 있다.

 지금은 바다, 물, 자연에 대해 더 많은 관심이 필요한 시점이다. 바다를 어떻게 활용할 것인가? 바다에 인간이 어떤 형태로 살 수 있을 것인가? 바다에서 어떤 식량을 구하고 어떤 물고기를 대량생산할 수 있을 것인가? 21

세기에는 바다를 연구하고 바다에서 무엇을 생산할 수 있을까에 대한 연구가 가장 큰 투자 분야가 될 것이다.

미래사회는 땅이 부족하여 대형 공항과 같은 대규모 구조물을 바다 위에 짓게 될 것이다. 이미 일본의 오사카 베이에 거대한 구조물이 들어서며, 릴리패드라는 개념의 바다 위 EU난민구조물이 건설되고 있다. 두바이는 바다 위에 섬을 만들고 떠다니는 거대한 부상도시에 기후난민 5만 명을 한꺼번에 수용할 준비를 하고 있다. 두바이의 인공 야자수 섬처럼 다른 국가도 해양 부상도시를 생각하고 있다.

인도에서는 워터 빌딩을 생각하고 있고, 피살리아라는 바다 위를 떠다니는 도시를 짓겠다는 나라도 있다. 러시아도 부상도시에서 식량 부족을 메울 준비를 하고 있다. 이렇듯 많은 나라에서 적극적으로 해양을 활용하려는 연구가 진행 중이다.

지구온난화로 인해 해수면 상승은 점점 더 심각해져 21세기에는 해수면이 80미터까지 상승할 것이라고 예측하는 과학자도 있다. 해수면이 상승하면 바닷속에 가라앉는 나라도 발생하는데, 남태평양의 섬인 투발루는 현재도 해수면 상승이 진행 중으로 수백 명의 국민이 뉴질랜드로 이민을 떠나기도 했다.

네덜란드, 방글라데시, 베트남, 루이지애나, 플로리다, 산호 제도의 나라들 역시 가라앉고 있다. 뉴올리언스, 뉴욕의 맨해탄, 샌프란시스코, 플로리다와 같은 도시들도 안전하지 않다. 2007년, 대만이 유엔기후변화협약IPCC에 해수면 상승에 대한 연구를 맡겨 조사한 결과 2030년에는 우리나라 서해안의 18% 정도가 가라앉는 것으로 밝혀지기도 하였다.

이런 상황에서 인류는 이제 물을 환영하는 정책과 장기적인 인프라 구축을 해야 한다. 해변의 주택건설이나 대규모 집합장소를 피하고, 해변의 건물은 5층 이상부터 거주지나 사무실로 이용하는 다양한 과학적인 예측을 통해 물의 습격에 대비해야 한다. 바닷가 제방은 현재보다 더 높이 건설해야 한다. 2011년 3월에 발생한 일본의 쓰나미로 일본 원전이 물에 잠기고, 원자력발전소에 전력이 끊겨 엄청난 재앙이 불어 닥쳤다. 이번 재앙으로 미래에 상승할 해수면 상승의 속도나 높이를 연구해야 하며, 발전시설은 바닷가에서 떨어진 곳에다 건설하는 것도 중요한 사안이 되었다. 각국은 이제 수만 명, 수백만 명이 떠다니는 도시를 건설하고, 지금부터라도 기후난민으로 피난을 가야 하는 시설을 연구하고 예산을 마련해야 한다.

바다 위에 떠 있는 건물에서 산업화를 이루거나 관광명소를 만들 수도 있다. 내륙의 땅에서보다 저렴하게 집을 지을 수도 있고, 농사를 지을 수도 있는 빌딩구조가 적당하리라 본다. MIT 해양공학교수 프랭클 박사는 이미 여기에 관해 많은 연구를 진행 중이다. 우리나라의 공과대학에서도 다음과 같은 새로운 전공자를 양성해야 한다.

1. 태양광, 태양열, 조력·풍력 에너지개발
2. 현대식 첨단기술을 이용한 양식업
3. 수경농업과 해수농업
4. 바닷물을 마시는 물로 바꾸는 담수화
5. 해양에서 가능한 위성통신
6. 청정해양 유지보존기술

해양개발을 할 때는 바다가 오염되지 않도록 각별히 신경을 써야 한다. 생태계 복원을 위해 생태계를 파괴하는 그 어떤 종의 침입도 막고, 필요하다면 다양한 법제정으로 미리미리 지속 가능한 발전모델을 만들어야 한다. 한 국가의 수만, 수백만 명이 좁은 바다 위에 떠다니는 부상도시에서 살아가야 한다면 바다로부터 에너지원과 식량자원을 구하게 된다. 이는 국가로서는 아주 훌륭한 미래발전모델이 될 수 있고, 관광산업에 더욱 많은 지원을 할 수 있게 된다.

이런 해양도시는 또한 수상 스포츠, 수상스키, 해양산업 발달, 고급 해양자원연구와 산업기술센터, 해양과학공원으로 활용될 수 있다. 육지에는 없는 어류농장, 수중재배와 같은 다양한 새로운 산업을 개발하고, 우주인이 먹는 미세조류인 스피룰리나로 단백질 65%인 고급 기능식품을 만들 수 있다. 나사NASA의 조나단 트렌트 박사가 주장하는 바다의 미세조류를 활용한 바이오연료를 생산하여 화석연료의 대안을 마련할 수 있으며 무엇보다도 일자리 창출에 기여할 수 있다.

해양 서식지는 높은 품질의 식량을 제공할 수 있다. 안전하고 많은 미네랄이 물을 공급할 수 있고, 폐기물 처리방법이 내륙보다 훨씬 값싸고 단순한 노력으로 이뤄질 수 있다. 땅이 부족한 일본은 땅값의 절반가격으로 수중 주택지를 건설할 수 있을 것이다.

해변 가까이에서는 다양한 서비스산업이 부상할 수도 있다. 해양에 떠다니는 부상도시에 거주하는 사람들 간의 소통이 원활해지며 공동체라는 개념이 확실해지며, 육지와의 소통을 위해 네트워크산업이 발전하게 되는 계기가 될 수도 있다.

이렇듯 지구의 73% 이상 되는 바닷물을 이용한 수많은 신산업이 개발되어 지속 가능한 그린산업으로 이어질 수 있다. 앞으로 국가의 미래는 해양에서 찾을 수가 있는데 이는 기후변화로 오는 위기를 기회로 전환하는 방법이다.

4
2030년, 남해안이 가라앉는다!

유엔미래포럼은 20년 전부터 탄소거래세를 주장했다. 한국도 2010년 4월 14일에 발효된 저탄소녹색성장기본법에 의거하여 온실가스 배출량과 배출원의 정량화, 온실가스 인벤토리를 IPCC 규정에 따라 만들어야 한다. 이는 도전과 기회로 온실가스 배출의 10%를 차지하는 포스코POSCO같은 기업에서 전력을 다해 온실가스 배출을 줄이면 혜택을 준다고 한다.

한양대학교 조병완 교수의 온실가스 인벤토리구축 전산화 방안도 나와 있는데, 이러한 전산화 방안을 국가모델로 만들어 여러 기업이 함께 사용한다면 국익에 도움이 될 것이다. 유엔미래포럼은 약 10년 전부터 기후변화와 지구온난화의 대안으로 다음을 주장하고 있다.

1. 알지 미세조류로 석유대체
2. 탄소포집기술
3. 핵융합
4. 리사이클링
5. 지구촌 호흡권(탄소거래세는 이미 실현)
6. 지구촌 금융거래에 1%의 세금을 받아 지구온난화 대안 개발

 기후산업시대를 맞아 경북 김천은 이미 세계기후변화종합상황실GENIS 이라는 국제기구를 유치하여 인트라넷 포털 속에서 다양한 집단지성이 구현되도록 하였다. 지구촌에서 가장 값싼 신재생에너지가 무엇인지에 대한 정보를 얻고, 국제적인 상황실의 상황판단에 의해 한국에 국제적인 기술들을 시험하고 이전하여 김천을 한국에 신기술을 도입해오는 '기후에너지산업의 메카'로 만들기를 희망한다.

 그 외에 유엔미래포럼은 기후변화, 물 부족, 환경오염, 과학기술 발전, 민주주의 발전, 국제범죄, 국제질병, 빈부격차, 장기적 국가전략, 의사결정 역량강화, 신윤리도덕 등의 지구촌 15대 과제의 대안을 마련하고 있다. 기후변화특화와 일반 중고등학교를 융합시킨 기후변화 미래국제학교가 김천에 들어서서 지구촌의 21세기 최대산업인 기후산업일꾼을 기르도록 하고 있다.

 2030년이 되면 인구의 절반이 기후산업으로 먹고살게 된다고 한다. 이때는 물 관리, 신재생에너지, 나노바이오 제약 시니어산업, 소셜미디어, 소셜쇼핑 등이 부상한다고 한다. 이 중 가장 시급한 것이 대체에너지다. 2020년 석유고갈이 예상되는데 그 대안으로 나온 태양광은 현재 주유소, 정류소 등

의 엄청난 인프라를 모두 바꿔야 하는 단점이 있기 때문에 그 중간단계로 현재의 사회간접자본SOC을 활용할 수 있는 알지 바이오연료를 대량생산하자는 대안이 나왔다. 여기에 나사NASA 오메가 프로젝트가 부상한 것이다.

알지 미세조류가 그린 오일Green Oil이라고 불리면서 석유를 대신할 것이다. 알지 미세조류는 녹조와 같은 조류로 미국에서는 일반인까지 집에서 알지를 키워 기름을 생산하여 자동차에 쓰고 있다. 현재는 생산단가, 효율성, 주유소 네트워크 등이 마련되어 있지 않을 뿐이다.

이러한 상황, 특히 비행기 유가가 너무 높아지는 상황에서 나사는 석유 종말의 대안으로 대규모로 알지를 바다나 습지에서 생산하는 프로젝트를 한국에 가져왔다. 나사의 오메가 프로젝트 소장인 조나단 트렌트 박사의 '알지 오메가 프로젝트'는 지속 가능한 탄소제인 바이오연료 생산 프로젝트로 바다나 민물에서 알지를 키워 알지로부터 기름을 짜내는 것이다. 이 기술을 적용하면 물 한 드럼을 우주에 가지고 가서 식수로 마시고 배설하여 정화할 때 알지를 넣어줌으로써 같은 물을 지속적으로 순환시켜 사용할 수 있다. 알지는 식량, 비료, 화장품 등 기타 유용한 것들도 생산이 가능하다.

알지는 폐수를 영양분으로 먹는데 이산화탄소를 넣어주고 온도를 20~22도로 맞추면 하루에 2배로 자란다. 수확량은 1에이커당 연간 5,000갤론으로 옥수수가 50갤론, 자파르타는 200갤론, 팜오일이 500갤론을 생산하는 것에 비하면 실로 엄청난 양이다. 민물 알지가 바다에 흘러나가더라도 수시간 만에 죽기 때문에 외래종이 퍼지는 경우는 막을 수 있다고 한다.

또 바다에서 키울 때는 식량생산을 위한 땅을 보존하면서 대기 중의 탄소를 제거하고, 이산화탄소를 통에 넣어주므로 탄소거래세로 돈을 벌 수 있으며, 물을 흔들어주는 파도의 믹스 기능으로 2차 폐수를 깨끗한 물로 정화하여 바다로 내보내는 역삼투압을 이용하여 1주일 정도만 키우면 알지 미세조류가 기름으로 변해 그 기름을 발전소에서 사용할 수 있다.

트렌트 박사는 알지는 지구에서 가장 좋은 바이오연료의 원천이며 폐수를 바다에 투척하지 못하게 되어 최대의 폐수처리기술도 가지고 있다고 말한다. 또한 한국은 오메가 시스템을 개발하기에 이상적인 곳으로 3면이 바다로 둘러싸인 2,000km 이상의 해안과 만, 보호된 수로, 좋은 기후와 더불어 바다로 폐수를 방출하는 많은 연안 도시가 있다고 지적했다.

미국의 디트로이트, 피츠버그 등 약 50여 개 도시가 소멸할 것이라는 연구보고서가 무한미래의 웬디슐츠 소장에 의해 발표되었다. 미국은 출산율이 2.1명인데도 도시의 소멸이 예측되었다. 하지만 지구촌 최저출산국인 한국은 출산율이 1.15명으로 웬디슐츠는 디트로이트가 소멸하기 수십 년 전에 한국의 큰 도시들이 소멸할 수 있다는 우려를 표했다.

하지만 도시는 진화하여 새로운 기능을 가진 신도시로 점차 옮겨가며 낡은 도시는 멸망하고 기후산업을 중점으로 하는 도시는 살아남을 것이라고 했다. 특히 기온이 상승하면 유엔기후변화협약IPCC이 연구한 바와 같이 2032년에 대만의 6분의 1이 바닷속으로 가라앉는 것으로 나타났다.

대만, 중국 연안도 문제지만 해수면이 상승하면 지구촌 전체가 균등하게 가라앉기 때문에 2030년 정도가 되면 한국에서도 해안이 낮은 편인 서해안이, 그다음은 남해안이 거의 눈에 보이는 수준으로 가라앉을 것이라는 전망이다.

그러므로 서해안에 장기적인 안목으로 땅을 사두는 것은 똑똑하지 못한 행동이라 생각된다. 온난화가 오면 채소가 먼 나라에서 수입되다가 녹아버리거나 너무 많은 방부제를 사용하게 되므로 도시농업이 생겨날 것이다. 도시 빌딩이 채소밭이 되거나 알지밭이 된다. 신농업혁명으로 농수식품부에서 태양열, 풍력, 알지 미세조류 등을 농민이 키우고 생산하게 된다.

한국의 인구는 정부예측으로는 2018년, 외국 유수의 인구분석가들의 예측으로는 2015년부터 인구자연감소가 올 수 있다고 본다. 인구가 감소하면 부동산가격이 하락한다. 1인 가구가 늘면 집에 들어가도 기다리는 사람이 없어 집을 소유하지 않고 유목민이 되어 떠돌아다닌다. 1인 가구가 늘면 모든 제품은 1인용으로 생산되어 1인용 세척제, 1인용 가구, 1인용 침대, 1인용 식품포장, 소형아파트 등이 늘어난다.

고령화가 되면서 사람들은 혼자 죽는 두려움에 누군가와 함께 살고 싶어한다. 고령화가 되면 작은 평수의 아파트로 몰리고, 형제자매, 고모, 이모, 삼촌이 사라져 차례나 성묘, 귀향길 풍속이 급속히 사라진다.

미국은 크리스마스 파티가 소멸할 것이다. 소규모 농장도 소멸하고, 다운타운이나 시내중심지가 사라지고 여러 곳에 중심지가 생긴다. 사생활보호도 사라지고 누구나 CCTV를 달고, 사무실에 출근하지 않고 스카이프(Skype)를 사용하여 텔레오피스(스마트 오피스)로 집 가까이에 있는 공동사무실을 이용한다. 그래서 앞으로는 경조사에 부조해도 돌려받을 수가 없는 세상이 된다. 우리의 자식이나 손자들이 결혼하지 않는 풍속에 물들어 가기 때문이다.

하지만 미래는 아주 낙관적인데, 사실 의식주가 기술 발전으로 해결이 되고 일하지 않아도 먹고살 수 있게 된다고 한다. 나노의복은 한번 입으면 셀프 크리닝되어 옷을 많이 갈아입지 않고 신발도 옷 색상에 맞춰 색깔이 변하고, 식품은 하루 한 끼 정도만 밥으로 먹고 나머지는 알약이나 영양분을 옷으로 전달받게 된다. 선진국에서는 출산율의 하락으로 집은 공공개념이나 무료가 된다.

로마시대의 장병은 전쟁을 갔다 오면 나라에서 소금을 월급으로 나눠줬는데, 그 이유는 소금이 가장 비쌌기 때문이다. 그러나 오늘날 소금은 재수 없는 사람이 지나가면 뒤에다 뿌릴 정도로 싸졌다. 10년 후는 인공배양육의 대량생산으로 재수 없는 사람이 지나가면 고기를 뿌릴 지도 모른다. 그 외 장기이식, 인공수명연장, 인간과 동물의 이종Hybrid이 보편화되는 그야말로 불가능한 상상이 가능해지는 세상이 올 것이다.

5. 방사성 오염물질을 먹는 미세조류가 있다

2011년 4월 4일자 〈알지산업잡지〉에 따르면 노스웨스턴대학교의 아르곤국립실험실이 핵발전소 내에서 발생하는 가장 위험한 방사성 분열물질 중 하나인 스트론튬을 연못 등에서 살고 있는 연그린 알지 종 중 하나가 먹어서 처리해준다는 것을 밝혀냈다.

노스웨스턴대학교의 과학자들은 클로스테리움 모닐리페룸Closterium monil-iferum이란 방사성 물질을 처리하는 알지를 찾아내고, 이 알지균주가 가장 위험한 방사성 물질인 스트론튬 90(스트론튬의 인공방사성 동위원소의 하나로 인체에 유해하다)을 최대한 처리해준다고 밝혔다. 또 원자력발전소에서 사고로 유출된 방사성 물질이나 오염수에 이 알지를 사용할 수 있는 직접적인 바이오 중간제 처리시설을 만들 수도 있고, 원전에서 발생하는 오염수 처리 플랜트를 만들어서 알지를 지속적으로 공급해주는 시스템을 설치할 수 있다고 밝혔다.

'핵발전 오염물질 처리야말로 우리가 일본 원전사고로 인한 재앙 중 가장 먼저 해결해야 할 지구촌 과제'라고 밝힌 알지연구의 수석과학자이자 노스턴웨스턴대학교의 교수인 더크 조스터는 10대에 독일 남부에서 거주하면서 체르노빌 원전사고를 경험한 바 있다.

조스터 교수는 "원전이 사용기한을 끝내고 내일 문을 닫는다고 해도 잔존하는 방사성 물질의 양은 엄청나다."고 말하면서 "방사성 물질을 저장하는 데는 엄청난 비용이 든다. 그래서 우리는 고방사성 폐기물이나 오염수를 저방사성 무해물질로 바꿔주는 기술개발이 필요했다. 그런데 최근 알지가 이런 역할을 하는 체제Mechanism를 가지고 있는 것으로 드러났고, 그 사용을 현실화하는 데 주력하고 있다."고 밝혔다.

방사능 아이소토프 동위원소는 핵발전소나 핵폐기물 처리시설에서는 처리가 되어야만 하는 물질이다. 조스터 교수는 "스트론튬 90은 30년간 잔존하며 칼슘과 비슷한 화학물질로 뼛속에 잔존하는 것으로 드러났다. 지속적으로 스트론튬 90이 유입되면 뼛속에 남아 암을 유발할 수 있다."고 주장했다.

조스터 교수와 동료 연구진의 연구결과에 따르면 이 반달 모양의 단세포는 자연적으로 핵물질 방사성 오염수를 먹고 비방사성 스트론튬 등을 포함한 바이오 미네랄을 만든다고 한다. 또 이 알지는 인간에게 좋은 칼슘과 나쁜 스트론튬을 구별해내는 것으로 밝혀졌다.

연구진은 현재 인체에 해가 없는 칼슘이 핵폐기물이나 방사성 물질에 해가 되는 스트론튬보다 훨씬 많이 포함되어 있기 때문에 더 많은 연구가 필요하지만, 알지가 먹어치우면서 방사성 스트론튬을 고체결정체로 만들어서 고위험도의 물질을 해롭지 않은 물질로부터 분리시키는 작업이 가능하다고 밝혔다.

조스터 교수는 알지를 직접 방사능 오염수나 오염물질에 투여하거나 다른 방안으로 알지가 어떻게 스트론튬을 격리하는지 기본 체제를 밝혀내 보다 더 효율적인 방법으로 핵폐기물 처리 구조물이나 엔지니어링 디자인을 하기 위해 연구 중이라고 밝혔다. 그들의 최종목표는 해로운 스트론튬을 가능한 한 많이 격리시켜 결정체에 포집하는 것이다.

조스터 교수는 알지가 스트론튬을 칼슘과 분리시킬 때는 결정체가 그 세포 속에 들어가 형성될 때로 결정체 속에는 나쁜 스트론튬만 들어가는 것으로 밝혀냈다. 알지는 바륨, 스트론튬과 칼슘을 오염수로부터 빨아들이는데, 스트론튬은 바륨과 함께 결정체 속으로 들어가서 그 결정체세포 속에서만 남아 있고 칼슘은 결정체세포 밖으로 빠져나온다. 바륨은 스트론튬을 받아들이기 위해 유기체 속에 존재해야만 하는 물질인 것이다.

조스터 교수는 아르곤국립실험실에서 이미 바륨, 스트론튬, 칼슘 등이 어떻게 알지 속에서 결정체로 들어가고 나오는지에 대한 과학지도를 그려냈다. 동시에 세포로 만들어지는 결정체의 내용물이 무엇인지를 밝혀냈는데 이 결정체는 세포꼭지에 있는 바코울즈라는 조직체 속에 들어가 있는 것으로 드러났다. 과학자들은 바륨이나 스트론튬의 양을 달리하여 알지에게 먹이고 알지 세포 속에 얼마나 많은 스트론튬이 측정되는지를 연구했다. 그들은 양을 조절함에 따라 알지가 1%~45%까지 스트론튬을 축적하는 것으로 밝혀내고, 스트론튬을 더 많이 흡수해서 먹어치우도록 알지를 최적화하는 노력을 하고 있다.

태초에 가장 먼저 탄생한 생명체인 단세포 물질, 알지는 가장 오랫동안 지구촌에서 존재하면서 가장 어려운 환경을 견뎌왔다. 알지가 핵물질 방사능 오염수를 먹고도 얼마나 오랫동안 이를 소화하고 생명을 유지하는지에 대한 연구로 인류가 방사능에 대한 공포에서 해방될 수 있을지 관심이 집중되고 있다.

6
석유를 대체할 최적의 에너지 '알지'

　아랍이나 미국의 부호들은 석유기업을 운영한다. 한국에서도 정유회사의 원자재는 석유다. 이 석유는 2020년에 피크를 이루면서 고갈되고 2025년에는 최대 유전보유사인 셸의 석유마저도 고갈되며, 석유수출국기구OPEC의 석유는 2035년에 고갈된다는 보고서가 나왔다. 석유는 고갈되기 전에 소멸한다. 왜냐하면 인간이 석유가 탄소배출 등으로 인간에 해롭다는 것을 알아냈기 때문이다.

　인간은 나무를 원료로 사용하다가 분진이 많고 청결하지 않으며 베어낸 나무로 인해 홍수 등이 일어나면서 석탄을 연료로 사용하기 시작했다. 처음에는 나무보다 깨끗하고 다루기 쉬웠지만 일산화탄소 등으로 생명을 앗아가고 공기오염과 환경오염이 일어났다. 그 대안으로 나온 것이 석유이다.

그러나 석유를 사용하는 차량에서 배기가스가 나와 환경을 오염을 시킨다는 사실을 알아냈다. 그래서 석유의 대안 찾기가 미래 최대 현안이 되었다. 그 대안을 태양광이라고도 하고 알지 미세조류라고도 한다. 미세조류생산을 배우면 21세기에는 한국이 엄청난 부를 가지고 올 수 있다.

오바마 정부는 신재생에너지개발을 지원하고 있다. 미국은 지금까지의 에너지를 알파라고 한다면 앞으로는 오메가라고 부르며 그중에서 알지 미세조류를 석유의 대안이라고 주장하고 있다. 그렇다면 이 오메가 프로젝트는 무엇인가? 나사NASA의 오메가 프로젝트 소장인 조나단 트렌트는 에너지개발전문가로 세계 곳곳을 돌면서 에너지개발과 지구촌의 환경에 대한 연구를 했다. 그런 그가 알지에 매료된 이유는 무엇일까?

오메가 프로젝트는 석유생산이 2020 피크오일로 정점을 찍고 하강하며 석유 값이 천정부지로 오르면 대체에너지를 찾던 대부분의 국가에서는 알지 미세조류를 그린 오일로 부르면서 석유를 대신할 것이라고 판단하여 추진하는 프로젝트다. 미국에서는 석유를 지원하던 부시 정권이 막을 내리고 신재생에너지 분야에 엄청난 지원과 관심이 쏟으면서 태양광전지 이후에 최대 산업으로 부상하고 있다.

알지 미세조류는 녹조, 프랑크톤 같은 것으로 바다나 습지 연못에서 자라며 우리 주변에 있는 것이다. 한국산 알지 미세조류는 기름생산이 저조하여 현재 기름생산이 높은 균주를 키우고 있는 연구소들이 생겨나고 있다. 미국에서는 일반인까지 집에서 알지 미세조류를 키우며 기름을 생산하고 자동차에 사용하는 단계다.

원-윈Win-Win 시나리오 속의 알지

　조나단 트렌트 박사는 바다에서 키우는 알지를 윈-윈Win-Win 시나리오로 본다. 이 미세조류는 기름이 풍부하고 기르기 쉽다. 바다에서 키울 때는 식량생산을 위한 땅을 보존하고 대기 중의 탄소를 제거하는 작용을 한다. 보너스로 이 알지는 폐수의 찌꺼기를 먹어 치워 폐수를 정화해서 바다로 내보낸다. 트렌트는 〈디스커버리 뉴스〉와의 인터뷰에서 "우리가 하고 있는 것은 우리 자신의 우주선인 지구 환경에 난 구멍을 막는 것"이라고 표현했다.

　문제는 아직도 이 거대한 프로젝트를 한 번도 실천해보지 않았다는 점이다. 나사는 항공유를 얻고자 미세조류인 알지와 폐수를 비닐 자루에 담아 바다에서 키우고 있다. 나사는 알지생산과 값싼 하수처리방법을 연결하는 현실적인 프로젝트에 우주기술을 적용하고 있다.

　우주국은 바다에 띄워 놓은 하수폐기물이 든 플라스틱 자루 속에서 바이오연료인 알지 미세조류를 집어넣어 폐수도 정화하고 알지 미세조류를 키워 기름을 얻으려 한다. 그는 이 노력에는 3가지 목표가 있다고 말했다. 우선은 한정된 지역에서 적은 자원으로 바이오연료를 생산하고, 도시의 폐수를 정화하고, 그 과정에서 생긴 온실가스 방출을 격리시키는 것이다.

　트렌트 박사는 "알지는 우리가 알고 있는 지구에서 가장 좋은 바이오연료의 원천이며 우리가 바이오연료를 생산하는 동시에 폐수를 정화시킬 수 있다면 굉장할 것이다."라고 강조했다. 그 과정은 기막힐 정도로 간단하다. 폐수를 넣은 비닐 자루에서 기름을 생산하는 알지를 키우는 것인데, 이는 오메가Offshore Membrane Enclosures for Growing Algae, OMEGA로 표현된다.

트렌트 박사는 이 오메가기술이 활성화되면 1석 3조라고 이야기한다. 바다에 온갖 폐수를 투척하는데 이제는 폐수를 흘러보낼 수가 없으므로 많은 비용이 든다. 이런 폐수를 특수 비닐 자루에 넣어 그 속에 알지라는 미세조류를 넣어주면 알지가 폐수를 정화시키고 또 폐수로부터 영양분을 받아먹고 태양열을 받아 두 배로 자라 알지에서 바이오연료가 생산되는 것이다.

폐수처리와 기름생산, 알지로부터 화장품이나 다양한 식품을 생산하거나 기름을 뺀 찌꺼기는 비료로 사용이 가능하다. 비용이 전혀 들지 않는 1석 3조 기술을 이용하는 것은 너무 쉽고, 누구나 쉽게 다룰 수 있는 안전한 것이라고 말한다. 혹시 오메가 자루가 새더라도 짠 바닷물은 알지를 죽여 바닷속의 다른 종을 잡아먹는 문제를 해결해준다.

트렌트 박사는 "담수 알지는 해양 환경에서 경쟁할 수 없다."고 지적하며 "침략적인 종이 될 어떤 것을 바다에 넣는 것이 아니다. 만약 물이 흘러나온다면 바다에 우리가 넣는 유일한 것은 이미 바다에 있는 물일뿐이다."라고 말했다.

비닐 포대나 플라스틱 자루를 만들기는 쉽다. 나사의 플라스틱 자루는 3년을 견디도록 디자인되었다. 3년 후에는 플라스틱 뿌리덮개로 재활용되거나 잘게 썰어 토양의 질을 개선시키고 토지가 습기를 보유하는데 도움이 되도록 사용할 수 있다.

연료만 얻으려 한다면 이것의 비용효과는 크지 않다. 그러나 트렌트 박사가 주장하는 알지생산은 최소한 세 가지의 다른 수준에서 가능하다. 연료, 하수처리, 탄소 격리 등이 가능하며 경제성이 있고 합리적이다. 이 기술은 이미 육지에 있는 대기업공장, 연못, 농장, 폐쇄된 생물반응기가 필요한 알지 바이오연료 생산기법을 이용하여도 이미 가격 경쟁력이 있다.

육지에서는 땅 사용에 한계가 있다. 연못, 논 등에는 세금이 부과되고, 농업으로 활용이 가능한 땅이 필요하게 되어 경쟁관계가 되기 때문이다. 사막에서 농사는 불가능하지만, 연못 등의 물에 넣어 알지를 키울 수는 있다. 단, 연못에 물을 넣어 알지를 키울 때는 물의 증발이 위협이 된다. 트렌트 박사에 따르면 플라스틱 자루에 폐수와 알지를 넣어 바다에서 키우면 물의 증발, 잡초, 자루를 놓는 땅이 필요 없어져 이러한 문제가 해결된다.

전문가들은 오메가 프로젝트로 미국의 비행기에서 사용할 연료 정도는 충분히 생산할 수 있다고 본다. 비행기연료는 1년에 210억 갤런이 필요한데, 여기에는 약 1천만 에이커의 바다가 필요하다. 이는 거대하게 보일지 모르지만 전체 바다와 비교하면 아주 작은 지역에 불과하다. 오메가 지역적으로 분배되고, 어부에 의해 사용권이나 허가권이 제공되고, 어부가 감시하는 체계를 만들면 훨씬 일이 쉬워질 것이다.

하지만 아직도 도전해야 할 문제들이 많다. 트렌트 박사와 그의 동료 연구원들은 삼투에 너무 약해지지 않으면서 때리는 물결과 찬 온도에 견디는 플라스틱을 찾으려 노력하고 있다.

석유에너지를 잇는 알지에너지

오메가 프로젝트는 화석연료를 무탄소 기름으로 대체하는 것이다. 에너지를 사냥하고, 수집하던 것에서 에너지 유기농 농부로 변신하는 것이다.

오메가 프로젝트는 일반적으로 우리 환경과의 관계 특히 대양과의 관계에서 우리가 어떻게 할 것인가를 다시 생각하는 것을 포함한 '기술생태학'의 창조에 관한 것이다.

실제로 오메가 프로젝트는 현재 바다에 버리는 도시의 폐수를 사용하여 바다에 띄운 플라스틱 자루에서 기름을 생산할 알지를 키우는 기술을 연구한다. 나사와 캘리포니아 에너지 위원회의 도움으로 오메가 팀은 폐수를 정화하고 이산화탄소를 격리하면서 연료, 식량, 비료 그리고 다른 유용한 생산물을 생산하는 오메가의 가능성을 실험하고 있다.

오메가 프로젝트는 장기간의 우주여행과 다른 행성들의 식민지화라는 꿈에 필수적인 에너지개발에 관한 것으로, 합리적이며 효과적인 에너지와 자원 사용에 관해서 알아보고 있다. 오메가 프로젝트는 우주선이라는 지구의 매뉴얼로 우리는 우주선에서 승객이 아닌 승무원이며 인간과 다른 많은 생명체의 미래가 균형을 이루며 사는 데 필요한 이 에너지를 알지라고 가정하고 있다. 트렌트 박사는 한국이 알지생산에 참여해야 하는 이유를 다음과 같이 말한다.

"한국은 오메가 시스템을 개발하기에 이상적인 장소이다. 삼면의 바다를 따라 있는 2,000km 이상의 해안, 많은 만과 보호된 수로, 좋은 기후에 바다로 폐수를 방출하는 많은 연안 도시들이 있다. 특히 한국은 연안 양식업이 세계적인 수준이며 해양공학에 있어서 300년이 넘는 역사를 가지고 있다. 미래사회에 필수적인 글로벌 '녹색 혁명'에서 지도적인 역할을 하고 있다."

7
2015년이면 석유회사들이 패소한다

2010년 7월 23일 미국 담배회사들이 처음으로 대규모 흡연자소송에서 졌다. 지금까지는 담배회사들이 최고의 변호인단을 사서 대부분 승소했으나 2010년이 되면서 대규모 소송에서 지기 시작한 것이다. 미래예측에서 20년 전에 예측된 현상으로 담배제조사가 흡연피해자들이 건 소송에서 흡연피해자들에게 지는 해가 2010년이었다.

필립모리스 제조사인 알트리아와 다른 담배제조사들이 플로리다 주 흡연자 4,000명이 연방법원에 제기한 소송에 영향을 미치는 항소심에서 패소했다. 애틀랜타 소재 연방 항소심은 22일 하급법원들이 2006년 플로리다 대법원의 판결을 관련소송에 적용하는 것을 막아달라는 담배제조회사들의 주장을 기각했다.

담배회사들은 이른바 '이글사건'과 관련된 플로리다 대법원의 판결로 승인된 사실관계가 흡연과 관련된 개별소송에서 자신들에게 공정하게 적용되지 않는다고 주장했다. '이글사건'은 하워드 이글이라는 플로리다 주 소아과 의사가 1994년 니코틴에 중독된 결과 암이나 다른 질병이 발생하게 된 흡연자들을 대표해 집단소송을 제기한 사건을 말한다.

플로리다 대법원이 인정한 사실관계 부분에는 담배회사들이 흡연이 건강에 미치는 영향에 대한 정보를 숨기기 위해 공모하고, 자신들의 제품에 대한 허위진술을 했다는 것 등이 포함되어 있다. 이번 소송과 관련된 흡연자 4,000명 이외에도 주 법원에는 유사한 사건이 4,000건이나 더 계류 중이다.

한편, 제롬 글렌 회장은 석유회사를 상대로 한 소송에 관한 예측을 내놓았다. 엑슨모빌 등 대규모 석유회사들의 환경오염에 대한 일반 국민의 소송이 시작되었지만 지금까지는 석유회사들이 승소했다. 하지만 석유산업을 지원했던 부시 대통령 이후 대체에너지산업에 무게를 더 실어주는 지금의 권력구조에서는 석유회사보다는 환경을 오염시킨 죄를 묻는 국민의 소송에 손을 들어주는 시점이 온다는 예측이다.

특히 미국 역사상 최악의 기름유출사고로 기록된 멕시코만 원유유출사고가 최대 환경재앙이 되면서, 석유회사에 대한 원한이 쌓이기 시작했다. 사고의 책임을 진 영국 석유회사 브리티시 페트롤리엄BP의 파산 가능성이 제기되고 있는데 BP의 파산은 영국의 파산을 이야기할 정도로 영국에서 1, 2위 하는 회사의 재앙이다.

2010년 4월 20일 밤 10시, 미 남부 루이지애나 주 베니스 시에서 남동쪽으로 약 80km 떨어진 멕시코만 해상에서 BP가 운영 중이던 석유시추시설

'디프 워터 호라이즌'이 폭발하여 3개월여 만인 지난 15일 차단돔설치가 성공할 때까지 하루 3만 5,000~6만 배럴의 원유가 바다로 쏟아졌다. 지금까지 유출된 기름의 양은 최소 303만 배럴에서 최대 520만 배럴에 이른다.

미 역사상 최대 규모의 기름유출사고인 1989년 알래스카 해역 엑슨 발데즈호 기름유출사건 25만 7,000배럴의 최소 10배 규모다. 컨설팅기관인 '옥스퍼드 이코노믹스'에 따르면 멕시코만 인근 5개 주의 관광산업 피해는 227억 달러(약 27조 3,000억 원)로 추산되며 야생 동식물도 흘러나온 기름에 치명적인 피해를 입었다. 조류와 거북이 등 2,600여 종의 야생동물이 피해를 보았고, BP가 현재까지 투입한 방제비용은 39억 달러다. 오바마 대통령은 BP 경영진과의 면담을 통해 200억 달러의 피해보상기금을 요구했다. 지금까지 제기된 피해보상 요구건수는 10만 5,000건이다.

담배회사들을 향한 일반인들의 피해소송이 이기기 시작한 전환점은 2010년이다. 제롬 글렌 회장은 엑슨모빌 등 석유회사들이 환경오염죄로 일반인들로부터의 소송에 패소하는 전환점을 2015년이라고 보았다. 이를 염두에 둔 엑슨모빌은 2010년 7월 그린하우스, 비닐하우스를 만들어 알지를 생산하고 실험하기로 했으며 최대 미래산업으로 바이오연료 프로그램인 알지를 선택했다. 엘산과 파트너인 합성 제노믹스Synthetic Genomics는 대규모의 경쟁력 있는 바이오연료로 알지를 선정하고 기름생산이 가능한지 실험하는 시설을 만들 예정이다.

엑슨모빌은 알지를 이용한 바이오연료를 개발하기 위해 5년간 6억 달러(6천억 원)을 투자하기로 결정했다. 엑슨모빌이 알지생산에 성공하면 5년 후에는 또 6억 달러를 더 투자하며, 그중에서 3억 달러는 합성 제노믹스에 투자가 집중된다. 합성 제노믹스는 제놈지도를 그린 크레이그 벤터의 미생물 바이오연료를 개발하기 위함이다.

제롬 글렌은 석유회사들이 석유개발의 투자를 급속히 줄이면서 대체에너지 쪽으로 옮겨갈 수밖에 없다고 본다. 환경오염에 관한 책임을 묻는 일반인들의 소송이 급격히 증가할 것이기 때문에, 그들에게 안도감을 주거나 '무엇인가 하는 척하는 모습'을 보이기 위해서라도 대체에너지에 투자를 하게 되고, 그렇게 하다가 2015년에는 결국 전환점을 맞을 것이라는 것이었다.

한국의 석유수입회사들이나 화석연료회사들을 상대로도 환경오염의 책임을 묻는 소송들이 연달아 일어날 수 있다. 한국 석유회사들도 대안을 마련해야 할 것이다.

8 '지구온난화' 대처, 못해서가 아니라 안 해서 당한다

기후변화를 절망적으로 예측하는 사람들이 많다. 기후변화를 막는데 적극적으로 나서지 않고 그냥 가만히 앉아 있어서는 지구온난화, 해수면 상승, 홍수, 기아, 난민 등의 문제를 해결할 수 없다. 다가오는 위협을 그냥 바라보고 있다가 모두 죽을 수는 없다. 하지만 지구촌은 아직도 기후변화에 대해 의구심을 가지는 사람이 20% 정도나 있다.

1960년대 처음 지구온난화 문제가 일어났을 때 인구의 절반은 '지구가 더워진다', 그리고 나머지 절반은 '지구가 냉각된다'라고 하면서 싸웠다. 하지만 60년이 지난 지금에는 지구가 더워진다는 사람들이 80~90% 정도이고 나머지는 아직도 믿지 않고 있다. 하지만 대안들이 있고 여기에 관해 연구하는 사람과 행동하는 사람도 있다.

미국의 나사NASA에서 오랫동안 미래기술예측을 한 데니스 부시넬 랭리 연구소 수석연구원은 기후변화 최고전문가 중 한 명이다. 그는 나사를 통해 기후변화를 수십 년간 관찰해왔고 또 기후산업의 부상, 기후변화의 대안을 내놓고 있다. 그도 지구촌 모두가 나서서 행동하지 않으면 다음 세기에는 멸종생물, 질병, 그리고 인류 3분의 1에게 영향을 주는 홍수가 증가할 것이라고 경고한다. 하지만 그는 지구온난화의 대안은 우리가 이미 가지고 있는데 각국 정부나 기업들이 선뜻 나서고 있지 않을 뿐이라고 한다.

빙하의 중심을 조사한 자료에 의하면 현재 이산화탄소 레벨은 지난 65만 년 중 가장 높다. 이산화탄소의 이러한 증가는 인류가 석탄, 석유 그리고 천연가스를 사용하는 것과 일치한다. IPCC에서 보고하는 지구기후계산결과에 의하면 인간에 의한 이산화탄소의 발생이 온도 상승, 빙하의 유실, 대양의 산화 원인이라는 점을 말해준다. 이제 우리는 기후변화 문제를 심각하게 받아들여야 한다.

다양한 예방행동 원칙이 정해져야 하고 이에 대처해야 한다. 인류의 건강이나 자연에 해를 주는 활동에 대한 예방적 조치는 인과관계가 정확히 알려지지 않았다 하더라도 의무적으로 이행되어야 한다. 고생물학자인 피터 워드가 그의 저서 〈녹색 하늘 아래Under the Green Sky〉에서 논한 바와 같이 몇 개의 '덥게 하는 활동'은 지질학적 역사를 통틀어 이 위성에 살고 있는 생물에게 심각한 변화를 가져왔다.

그중 주목할 만한 사건 하나가 약 2억 5천만 년 전에 발생한 이첩기Permian 멸종이다. 이 사건은 동물의 멸종을 초래했는데 과학자들은 이를 '대죽음'이라고 부른다. 이첩기 멸종은 시베리아의 화산 폭발로 인한 이산화탄소의 급격한 증가에 의한 것으로 판단된다. 현재 인간활동에 의해 방출되는 이산화탄소의 양은 그때 화산에 의한 것보다 100배는 더 많다.

이첩기 멸종 기간의 연쇄반응이나 '확대재생산Positive Feedback'으로 산소가 고갈된 바다가 생겨났고, 이로써 특정한 박테리아가 과도하게 성장하여 엄청난 양의 황화수소를 만들어 대기를 독성화하고 오존층을 심하게 훼손하여 모든 살아있는 종을 죽게 만들었다.

IPCC 예상치에 아직 모두 반영되지 않은 확대재생산 현상으로는 온난화를 가속화하는 이산화탄소보다 20배나 더 나쁜 화석 메탄가스, 툰드라와 대양에서 발생되는 화석 이산화탄소 발생, 높아진 온도, 산성화와 알지Algae 변화, 극지방의 빙하감소로 인한 태양빛 반사 능력 감소, 토지사용의 변화, 그리고 온도 상승에 따른 극심한 수증기 증발(온실가스)이 있다.

이러한 확대재생산의 부차적인 영향으로 2100년경에는 온도가 섭씨 4~6도, 어떤 연구결과에 의하면 섭씨 10~12도 정도 상승한다. 그러한 온도에 의해 2100년 이후에 모든 빙하가 사라지고 해수면은 75m까지 상승하여 전체 인류의 1/3의 주택이 잠기게 된다.

현재부터 그때까지의 기간에는 바다의 메탄하이드레이트의 방출은 거대한 파도를 일으키고, 극지방의 빙하 용해는 대부분 사람들의 삶의 무대인 큰 강에 심각한 영향을 줄 것이다. 홍수, 폭풍, 질병, 가뭄, 멸종, 바다의 산성화, 그리고 기타 무수히 많은 것들이 인류가 만들어 낸 기후변화의 결과로서 이전의 IPCC 예측치보다 훨씬 빠르게 진행될 것이며 따라서 예측치가 아무리 심각하더라도 실제로는 매우 보수적인 것이다.

이러한 위협은 계속되는 화석에너지와 관련된 이미 잘 알려져 있는 경제적, 지정학적, 국가안보에 대한 문제 위에 있는 것이다. 제한된 자원인 석탄, 석유, 천연가스는 에너지의 가격을 올릴 것이며 에너지가격에 더 큰 혼란을 가져올 것이다.

기후변화, 극복 가능한가?

기후변화를 극복하려면 다 함께 노력해야 한다. 세계는 현재 화석연료로부터 매년 300EJ(8300만GW/h)의 에너지를 얻고 있다. 바이오매스, 온암반지열, 태양열, 태양전지, 풍력과 같은 대체에너지원은 각각 매년 4000EJ을 생성할 수 있다. 인간이 석유를 대체할 수 있는 방법이 있는데 그중 하나가 해수 미세조류 알지다. 그 외에 풍력에너지도 중요하다. 미 동해안의 고도 풍력은 미국 전체의 전기수요를 충족시킬 것으로 예상된다.

과학자들은 거대한 규모로 물을 끓일 수 있는 독특한 방법에 대해서도 연구 중이다. 이 방법 중 하나는 폐수를 지열로 뜨거운 심저 석유공으로 넣는 방법이 있으며 또는 미국 동부해안의 걸프해류를 이용하는 것이다. MIT의 과학자들은 뜨거운 지열의 가능성을 연구해오고 있다.

바다 열에너지 전환OTEC은 바닷속의 온도차이를 이용하여 터빈을 돌려 에너지를 얻는 방법이다. 열대기후에서는 물의 표면이 태양에 계속 노출되어 화씨 80도에 이를 수 있다. 수면 아래 3000피트 지점의 온도는 화씨 40도로 내려간다. 이러한 온도차이를 제대로 이용할 수 있다면 발전기를 돌리기에 충분하다. 새로운 연구결과, 3000피트 아래까지 내려갈 필요가 없어졌다. 아주 차가운 조류가 걸프 스트림을 따라 흐르므로 수평적으로 연결할 수 있다는 것이다. MIT의 연구에 의하면 이러한 OTEC 형태는 미국 전체의 전력망을 돌리기에 충분하다고 한다.

이러한 것은 매우 특별한 방법이지만 단순히 전환하는 것만으로도 에너지 소비를 30% 정도 줄일 수 있다. 미국의 20만 가구는 전기가 연결되어 있지 않다. 이러한 종류의 분산전력 생산방식은 개인이 전기회사에 메이지 않게 되는데 매우 빨리 발전하고 있다. 미래의 전력망 외 방법의 선구자들은 차세대 태양전지, 풍력발전, 태양집열, 수동식 솔라, 열전기, 하수도, 정원 쓰레기, 부엌 잔류물을 연료로 전환하는 바이오 반응조를 사용할 것이다.

핵에너지는 사용하는 양보다 더 많은 핵분열물질을 만들어내는 원자로를 사용하고 우라늄보다 세 배나 더 많은 토륨으로 전환한다면 큰 역할을 할 수 있다. 재생에너지는 비용이 더 낮은 대안이다.

전 미국 에너지장관인 제임스 슐레진저 같은 회의론자들은 대체에너지원으로부터 얻은 에너지를 저장하는 것이 석유나 석탄보다 더 어렵다는 점을 우려한다. 그러나 지열에너지나 바이오매스에너지는 1년 365일, 하루 24시간 계속해서 가동된다. 풍력, 태양전지, 태양열 발전은 물론 주기적으로 가동되는데 그 이유는 바람이나 태양이 없으면 에너지도 없다.

저장장치는 하루가 다르게 발전하고 있다. 미래의 배터리는 현재의 화학 배터리보다 훨씬 우수한 새로운 기술을 이용할 것이다. 미국 샌디아 연구실의 과학자들은 벌써 고성능 콘덴서와 탄소 나노튜브 자석을 이용한 초전도 자기에너지 저장장치에 대해 연구하고 있다.

저온융합원자로라고도 알려진 저에너지 원자로LENR는 10년 전만 해도 건설이 불가능하다고 생각되었지만 앨런 위돔과 루이스 라슨이 저에너지 원자로의 운전에 관한 새로운 방법을 제안한 덕분에 각광을 받고 있다.

나사는 10년에 걸친 저에너지 원자로에 대한 실험에 의해 설명된 양자의 약한 상호반응 이론이 융합이 아니라 응축된 물질에 적용된다는 그들의 이론을 증명하고자 실험을 진행 중이다. 이 위성의 인류문명의 발자취는 이제 많은 면적을 덮을 정도로 너무 광범위해져서 태양빛을 우주로 더 반사하기 위해 단순히 지붕이나 도로를 흰색으로 칠하더라도 상당한 영향을 준다.

화석탄소연료의 가격은 점점 높아질 것이며 이러한 추세는 '탄소세'의 도입에 따라 더욱 가속화할 것이지만 이것은 더 심해지는 부족 현상 때문이다. 대체에너지의 가격은 해가 감에 따라 낮아지고 있다. 어떤 종류의 바이오연료에서 보듯이 많은 대체에너지는 화석연료와 가격경쟁력이 있으며 10~15년 아니면 그 이전에 석유나 석탄만큼 저렴해질 것으로 예측된다. 만약 정부에서 석탄을 사용하는 전기회사들에게 폐기되는 이산화탄소를 분리시키도록 강제한다면 석탄가격은 상승하게 되고, 결과적으로 피할 수 없는 대체에너지로의 전환을 앞당길 것이다.

만약 우리가 2020년까지 기후변화의 변곡점을 지나쳐서 다음 세대에게 절망적인 지구온난화를 가져다준다면 그것은 현재 방법이 부족해서가 아니다. 대체에너지로 전환하려는 인간의 행동을 늦추는 기술, 능력, 비용 때문이 아니라 보수주의, 기존 기업의 전략 및 집착, 그리고 피할 수 없이 다가오는 화석연료의 종말에 대처할 창조적인 전략기획이 없기 때문이다.

2011년 현재 화석연료로부터 이산화탄소를 제거하는 것은 이제 죽느냐 사느냐의 문제다. 지구온난화로 해수면 상승이 일어나고, 이산화탄소는 점점 농도가 짙어지면서 땅속에 있는 다른 화학물과 반응하여 독가스를 내뿜는다.

공룡멸종의 원인으로 운석이 멕시코 만에 떨어지면서 발생한 먼지가 하늘을 덮어 태양을 가리고, 빙하기가 찾아와 공룡이 소멸했다는 설이 지배적이다. 그러나 그 외에도 지구촌에는 생명체 멸망이 3-4차례 더 있었다. 과학자들은 그 이유가 자연이 소화할 수 없는 이산화탄소 때문이었다고 말한다. 그러므로 이산화탄소 때문에 날씨가 좀 더워지고 산불이나 지진 쓰나미가 좀 늘어나는 정도로만 알고 있는 우리의 상식이 얼마나 위험한 것인지 깨달아야 한다.

미국과학원NSF의 수석연구원 폴워보스 박사는 이산화탄소가 늘어나면 어느 순간 자연이 소화하지 못하고 독가스를 내뿜어 지구생명체가 소멸하게 됨을 알아야 한다고 주장한다. 그러므로 앞으로 이산화탄소전문가는 지구촌에서 가장 많이 찾는 전문가 집단이 될 것이다.

사람들은 대개 자신이 '착한 사람'이라고 생각한다. 하지만 세계가 좁아지면서 착한 사람의 기준이 달라졌다. 이제 남에게 폐를 끼치지 않고 나 스스로 나쁜 행동을 안 하는 사람이라고 해서 '착한 사람'이 되는 건 아니다. 이산화탄소전문가인 폴워보스는 집단생존 문제에 있어서 현재의 화석연료로 사용하는 에너지 8조 달러의 예산을 재생에너지로 바꾸는데 힘을 보태지 않는 사람은 '착한 사람'이 아니라고 생각한다. 현재 우리가 사용하는 에너지가 그렇다면 인구가 90억으로 늘어나는 2050년까지는 얼마나 더 많은 에너지를 사용하게 될지 상상할 수 없다.

그렇다면 대안은 무엇이 있는가? 현재 대체에너지 중 가장 경쟁력이 있는 것은 풍력이다. 2년 전 미국의 에너지성은 풍력이 미국 전체 에너지수요의 30%를 담당하고 있다고 발표했는데 이는 석탄이나 핵발전소 에너지 생산보다 많은 양이라고 밝혔다. 중국에서는 새로운 풍력기술을 개발했고, 이는 유럽 정부들이 지원하여 중국에서 풍력개발의 탄소배출권을 가지고 있다. 지붕 위의 태양광은 효율성만 높아지면 가능성이 있다. PV 시스템은 에너지 저장과 조절에 비용이 많이 드는 것으로 알고 있다. 특히 태양이 없는 흐린 날 등 문제점도 많지만 지붕위에 태양광 PV를 설치하는 것만으로도 에너지를 상당량 절약할 수 있는 것은 확실하다.

그 외에 CO_2를 나무보다 수천 배로 많이 먹는 알지 미세조류 생산도 필요하다. 폐수와 CO_2를 동시에 먹기 때문이며 바다에 싼 비닐 속에서 키우거나 못 쓰는 땅을 사용하여 바이오연료를 생산하는 것도 하나의 대안이 될 수 있다. 나무가 1년에 자라는 양에 비해 알지 미세조류는 거의 하루에 2배씩 자라기 때문에 아직 연구할 분야가 많고 경제성에서 문제가 된다. 하지만 2025년 석유종말을 앞둔 시점에서 지구촌은 액체연료를 필요로 하기 때문에 수많은 기계 등에 윤활유, 또 플라스틱과 같은 석유화학제품 등을 알지 미세조류 대량생산에서 가지고 올 수가 있다.

이산화탄소를 제거하는 일은 이제 생사의 갈림길에 와 있다. 더 빨리 더 좋은 방법으로 대체에너지를 개발해야 할 것이다.